कमला हैरिस
की बायोग्राफी

कमला हैरिस
की बायोग्राफी

हंसा मखीजनी जैन

प्रभात
पेपरबैक्स
www.prabhatbooks.com

प्रकाशक

प्रभात पेपरबैक्स

प्रभात प्रकाशन प्रा. लि. का उपक्रम

4/19 आसफ अली रोड, नई दिल्ली–110002

फोन : 23289777 • हेल्पलाइन नं. : 7827007777

इ–मेल : prabhatbooks@gmail.com ❖ वेब ठिकाना : www.prabhatbooks.com

संस्करण

प्रथम, 2022

अनुवाद

ज्योति थपलियाल उनियाल

मूल्य

तीन सौ रुपए

मुद्रक

आर–टेक ऑफसेट प्रिंटर्स, दिल्ली

★

KAMALA HARRIS KI BIOGRAPHY
by Smt. Hansa Makhijani Jain
(Hindi translation of KAMALA HARRIS:
The American Story that Began on India's Shores)

Published by **PRABHAT PAPERBACKS**
An imprint of Prabhat Prakashan Pvt. Ltd.
4/19 Asaf Ali Road, New Delhi-110002
by arrangement with Hachette Book Publishing India Pvt. Ltd.

ISBN 978-93-5521-100-2

₹ 300.00

“मेरी अपनी विरासत है।”

—कमला हैरिस

प्रस्तावना

चाहे वह उनके चुनावी अभियान के दौरान हो या संयुक्त राज्य अमेरिका के उपराष्ट्रपति चुने जाने के बाद उनका विजयी भाषण हो, कमला देवी हैरिस ने जिस एक व्यक्ति का जिक्र सबसे अधिक बार किया, वह उनकी माँ थीं। 2009 में अपनी मृत्यु से पहले श्यामला गोपालन हैरिस, कमला और उनकी बहन माया की माँ और रोल मॉडल ने सुनिश्चित किया कि उन्होंने हिम्मत वाली लड़कियों की परवरिश की है, जो दुनिया में बदलाव लाने के लिए प्रेरित और तैयार हैं।

उस समय कमला 12 साल की थी और माया 9 साल की; श्यामला, जो तब सिंगल मदर थीं, उन्होंने कनाडा शहर के क्यूबेक शहर मॉण्ट्रियल में मैकगिल विश्वविद्यालय से संबद्ध यहूदी जनरल अस्पताल में एक शोध और शिक्षण पद स्वीकार कर लिया।[1] 'वाशिंगटन पोस्ट' में छपे एक लेख के अनुसार, 'हैरिस बहनों को याद है कि मेफ्लावर ट्रक पूरे महाद्वीप में उनका सारा सामान लाने के लिए आ रहा था, उन्हें अपने अपार्टमेंट में आना याद है और ठंड से बचने के लिए कोठरी में छिप जाना और उन्हें याद है कि कैसे उनका रिश्ता उनके नए घर में मजबूत हुआ।[2] 13 साल की उम्र में, जैसाकि उनकी बहन माया 'सैन फ्रांसिस्को गेट' (एस.एफ. गेट) को दिए एक इंटरव्यू (साक्षात्कार) में याद करती हैं। कमला ने उस इमारत के सामने एक विरोध-प्रदर्शन किया, जिसमें

वे रहते थे। वे अपने साथियों को उस मालिक के खिलाफ प्रदर्शन में शामिल करने में कामयाब रहीं, जिसने बच्चों को लॉन में खेलने से मना किया था। वे जो सही समझती थीं, उसके लिए खड़ा होना कमला के लिए सहज ही था, क्योंकि उसने बचपन से ही कई प्रदर्शन देखे थे, उनके माता-पिता किसी-न-किसी विरोध-प्रदर्शन में भाग लिया करते थे। इस मौके पर भी कमला और उसके साथियों ने अंततः मालिक को ऐसे नियम को समाप्त करने के लिए राजी कर लिया था। यह न्याय के लिए उनकी पहली जंग थी और यह तो बस शुरुआत थी। मॉण्ट्रियल में, कमला ने नॉट्रे-डेम-डेस-नेगेस स्कूल नामक एक प्राथमिक विद्यालय में शिक्षा प्राप्त की, जहाँ मुख्य भाषा फ्रेंच थी। उस समय तक अपने जीवन का अधिकांश समय अमेरिका में गुजारने के बाद कमला ने अपनी माँ के सामने स्वीकार किया कि उन्हें उस नई भाषा को सीखने में परेशानी हो रही है, जिसे उन्होंने अभी-अभी पढ़ना शुरू किया था। वेस्टमाउंट, क्यूबेक में वेस्टमाउंट हाई स्कूल में दाखिला लेने से पहले, जहाँ से उन्होंने 1981 में स्नातक किया, कुछ समय के लिए वे मॉण्ट्रियल में एफ.ए.सी.ई. स्कूल गईं। वेस्टमाउंट हाई स्कूल में कमला ने वांडा कगन से दोस्ती की और दोनों लड़कियाँ 'मिडनाइट मैजिक' के नाम से एक सर्व-महिला नृत्य मंडली में शामिल हो गईं, जहाँ उन्हें बहन का सा प्यार मिला, जिसका हिस्सा बनने में उन्हें आनंद मिल रहा था। समूह ने बुजुर्ग लोगों के लिए सामुदायिक केंद्रों में और कभी-कभी अनुदान जमा करने के लिए प्रदर्शन किया। कगन कहती हैं, 'हम छह बड़ी हस्तियों वाली लड़कियाँ थीं, जो भूरे और काले रंग के हर रूप में थीं और कमला डांस फ्लोर पर अपनी पकड़ बना लेती थी।'[3]

लेकिन कगन की जिंदगी में कुछ ऐसा हो रहा था, जिससे उसकी बेस्ट फ्रेंड अनजान थी।

'जब मैं हाई स्कूल में थी, तब मेरे सौतेले पिता मुझे परेशान कर रहे थे। कमला और मैं सबसे अच्छी दोस्त थीं। मैंने आखिरकार उसके साथ यह बात साझा की, जो करना हमेशा आसान नहीं होता है,' कगन ने अपने दोस्त की बड़ी जीत के बाद एक साक्षात्कार में सी.बी.सी. न्यूज को बताया। जब कमला ने अपनी माँ को बताया कि उसकी सहेली पर क्या बीत रही है तो श्यामला ने कगन को जोर देकर कहा कि वह तुरंत आ जाए और उनके साथ रहे, कम-से-कम स्नातक की पढ़ाई तक। श्यामला ने तुरंत उस लड़की की पीड़ा को दूर करने का संकल्प लिया।

कगन ने कहा, 'मैं हाई स्कूल बाद के हिस्से में उनके साथ रही' उसकी माँ ने मुझे सिस्टम के साथ विभिन्न चीजों के माध्यम से चलने में मदद की।' 'उसकी बहन माया (भी) अद्‌भुत थी' कमला जो वह है (और) बहुत कुछ अपनी माँ जैसी है। (उसकी माँ) छोटी, चार फीट से कुछ लंबी थी, लेकिन वह एक मजबूत, स्वतंत्र महिला थी।'[4]

एक रात में श्यामला गोपालन हैरिस ने उन्हें जीवन द्वारा सबक सिखाने का इंतजार किए बिना, अपनी बेटियों को न्याय, समानता, दया और दूसरों के अधिकारों के लिए खड़े होने के बारे में सिखाया। वे खुद एक उदाहरण थीं। एक इशारे के माध्यम से उसने स्पष्ट रूप से संदेश दिया था कि किसी को संकट से बाहर निकालने के लिए सीमित साधनों के भीतर भी, जो कुछ भी वह कर सकता है, उसे वह करना चाहिए। यह घटना कमला की चेतना में हमेशा के लिए अंकित हो गई थी, जो उन छोटी-छोटी बातों में से एक थी, जो उसके शेष जीवन की दिशा तय कर सकती थी।

अनुक्रम

1

माँ की लाड़ली

"मेरी माँ श्यामला गोपालन हैरिस, प्रकृति की एक शक्ति और मेरे जीवन में प्रेरणा का सबसे बड़ा स्रोत थीं। उन्होंने मेरी बहन माया और मुझे कड़ी मेहनत का महत्त्व सिखाया और जो गलत है, उसे सही करने की हमारी शक्ति पर विश्वास करना सिखाया।"

—कमला हैरिस

वुमेन्स हिस्टरी माह के अवसर पर एक फेसबुक पोस्ट में

पाँच फीट के आसपास, श्यामला गोपालन हैरिस शारीरिक रूप से प्रभावशाली व्यक्तित्व नहीं थीं। फिर भी उनकी उपस्थिति अपार थी। 1940 में ब्रिटिश भारत के मद्रास प्रेसीडेंसी में जनमीं वे वरिष्ठ सरकारी सेवक पिंगनाडु वेंकटरमन गोपालन की चार संतानों में सबसे बड़ी थीं, जिनकी उन्होंने हमेशा प्रशंसा की है।

राजनीतिक रूप से जागरूक उच्च उपलब्धि प्राप्त करनेवालों के परिवार में पैदा होने का मतलब था कि श्यामला को कभी भी अपने जुनून को आगे बढ़ाने से हतोत्साहित नहीं होना पड़ेगा। उनका जीवन खाना पकाने और सिलाई जैसी घरेलू गतिविधियों तक ही सीमित नहीं रहेगा, जैसाकि उनकी पीढ़ी की अन्य लड़कियों के साथ होता था। अपने पिता की नौकरी के कारण श्यामला ब्रिटिश और स्वतंत्र भारत के प्रमुख शहरों, जैसे दिल्ली, बॉम्बे, मद्रास और कलकत्ता में पलीं-बढ़ीं। उन्होंने दिल्ली के लेडी इरविन कॉलेज से होम साइंस (गृह विज्ञान) में स्नातक की उपाधि प्राप्त की। हालाँकि उनकी पहली पसंद बायोकैमिस्ट्री (जैव रसायन) थी, लेकिन कॉलेज के आंतरिक नियमों के कारण उन्हें होम साइंस (गृह विज्ञान) पढ़ने के लिए मजबूर होना पड़ा। उनके माता-पिता का मानना था कि उस विषय ने उनकी क्षमताओं के साथ न्याय नहीं किया था और उनके भाई तथा पिता, जो जानते थे कि उनका मन वास्तव में बायोकैमिस्ट्री (जैव रसायन) में था, अकसर उनके साथ मजाक करते थे कि उन्हें अपने होम साइंस (गृह विज्ञान) पाठ्यक्रम के हिस्से के रूप

में टेबल कैसे सेट करना सीखना पड़ रहा है। श्यामला ने इसे हँसी-मजाक में लिया, लेकिन उन्होंने अपने सपने के साथ कभी प्रतिस्पर्धा नहीं की। स्नातक की पढ़ाई पूरी करने के बाद श्यामला ने चुपके से कैलिफोर्निया विश्वविद्यालय, बर्कले में आवेदन किया, जो संयुक्त राज्य में सबसे प्रसिद्ध भूमि-अनुदान विश्वविद्यालयों में से एक है। उन्होंने अपने परिवार को यह खबर तब दी, जब उन्हें वहाँ दाखिला मिल गया। अपने पिता के आशीर्वाद से 1959 में 19 साल की उम्र में श्यामला ने बर्कले की यात्रा की। तब शायद उन्हें अंदाजा भी नहीं था कि वे अपने गोद लिये हुए देश में ही रहेंगी और अपने बाकी दिनों के लिए उसे अपना घर बना लेंगी।

'उस समय खाड़ी क्षेत्र में ज्यादा भारतीय नहीं रहते थे। निश्चित रूप से अकेली लड़की तो बिल्कुल नहीं। 'श्यामला के भाई गोपालन बालचंद्रन, जो दिल्ली में रहते हैं,' उन्होंने एक साक्षात्कार में एन.बी.सी. न्यूज को बताया, 'उन्होंने बहुत कुछ ऐसा किया, जो उस समय बहुत कम लोगों ने किया था। उन्होंने यह सब अपनी मर्जी से किया, क्योंकि वे उस पर विश्वास करती थीं।'

'उस समय खाड़ी क्षेत्र में ज्यादा भारतीय नहीं रहते थे। निश्चित रूप से अकेली लड़की तो बिल्कुल नहीं। 'श्यामला के भाई गोपालन बालचंद्रन, जो दिल्ली में रहते हैं,' उन्होंने एक साक्षात्कार में एन.बी.सी. न्यूज को बताया, 'उन्होंने बहुत कुछ ऐसा किया, जो उस समय बहुत कम लोगों ने किया था। उन्होंने यह सब अपनी मर्जी से किया, क्योंकि वे उस पर विश्वास करती थीं।' उनके पिता केवल एक वर्ष के लिए उनकी ट्यूशन फीस देने के लिए सहमत हुए थे। उसके बाद सब उन्हें खुद देखना था। यह स्पष्ट था कि गोपालन चाहते थे कि उनके बच्चे स्वतंत्र हों और अपने जीवन का मार्ग प्रशस्त करें तथा

बालचंद्रन ने दावा किया कि यही विचार उनकी बहन ने अपनी बेटियों को दिया।[1] नियत समय में, बालचंद्रन भी अध्ययन करने के लिए संयुक्त राज्य अमेरिका गए और विस्कॉन्सिन विश्वविद्यालय से अर्थशास्त्र और कंप्यूटर विज्ञान में डॉक्टरेट की उपाधि प्राप्त करके अंततः अपने देश में काम करने लौट आए।

श्यामला ने पोषण और एंडोक्रिनोलॉजी में पी-एच.डी. की और स्तन कैंसर अनुसंधान में महत्त्वपूर्ण और आवश्यक योगदान दिया। वे विशेष रूप से प्रोजेस्टेरोन रिसेप्टर जीवविज्ञान और स्तन कैंसर में इसके प्रयोगों पर अपने काम के लिए जानी जाती हैं।

□

श्यामला पहली बार 1962 की समाप्ति पर अश्वेत छात्रों की एक बैठक में डोनाल्ड जैस्पर हैरिस से मिलीं। उस समय डोनाल्ड अर्थशास्त्री बनने के लिए स्नातक की पढ़ाई कर रहे थे। उन्होंने पी-एच.डी. करने के लिए अपने गृह देश जमैका से कैलिफोर्निया की यात्रा की थी। वे सभा में वक्ता भी थे। उनके लिए पारंपरिक, साड़ी पहने श्यामला तुरंत छात्रों के झुंड में अलग सी दिखाई दीं। वे उनसे नजरें नहीं हटा पा रहे थे। उनके भाषण के बाद उनसे मिलीं और इस तरह उनकी दोस्ती शुरू हुई। आनेवाले महीनों में वे नागरिक अधिकार आंदोलन के लिए साझा

श्यामला पहली बार 1962 की समाप्ति पर अश्वेत छात्रों की एक बैठक में डोनाल्ड जैस्पर हैरिस से मिलीं। उस समय डोनाल्ड अर्थशास्त्री बनने के लिए स्नातक की पढ़ाई कर रहे थे। उन्होंने पी-एच.डी. करने के लिए अपने गृह देश जमैका से कैलिफोर्निया की यात्रा की थी। वे सभा में वक्ता भी थे। उनके लिए पारंपरिक, साड़ी पहने श्यामला तुरंत छात्रों के झुंड में अलग सी दिखाई दीं।

जुनून होने के कारण एक-दूसरे से मिलते, जो परिसर जीवन का मुख्य आधार था। उन्होंने 1963 में शादी के बंधन में बँधने का फैसला किया, एक भारतीय के लिए एक साहसिक कदम, विशेष रूप से एक तमिल ब्राह्मण लड़की के लिए, जो अपने ही समुदाय के भीतर उनके परिवार द्वारा चुने जानेवाले मैच के 'सुरक्षित' विकल्प को चुनने के बजाय एक अफ्रीकी से शादी कर रही थी। उनके बीच कुछ भी समान नहीं था—सिवाय इस तथ्य के कि दोनों का जन्म अंग्रेजों द्वारा उपनिवेशित देशों में हुआ था। उन्होंने अपने परिवार की परंपराओं का पालन किए बिना या श्यामला के पैतृक गाँव में पारंपरिक भारतीय विवाह समारोह में शामिल हुए बिना शादी कर ली। समय के साथ उनकी दो बेटियाँ हुईं—कमला देवी हैरिस, जिनका जन्म 20 अक्तूबर, 1964 को हुआ था और उनकी बहन माया लक्ष्मी हैरिस, जिनका जन्म 30 जनवरी, 1966 को हुआ था।

अपने परिवार की परंपराओं का पालन किए बिना या श्यामला के पैतृक गाँव में पारंपरिक भारतीय विवाह समारोह में शामिल हुए बिना शादी कर ली। समय के साथ उनकी दो बेटियाँ हुईं—कमला देवी हैरिस, जिनका जन्म 20 अक्तूबर, 1964 को हुआ था और उनकी बहन माया लक्ष्मी हैरिस, जिनका जन्म 30 जनवरी, 1966 को हुआ था।

हैरिस के घर का माहौल भारत में श्यामला के घर की तरह हमेशा राजनीतिक विषयों से घिरा रहता था। 'मेरे नाना-नानी से मेरी माँ ने गहरी राजनीतिक सोच विकसित की।'

वे इतिहास के प्रति, संघर्ष के प्रति, असमानताओं के प्रति जागरूक थीं। वे अपनी आत्मा पर अंकित न्याय की भावना के साथ पैदा हुई थीं। कमला अपने संस्मरण, 'दि ट्रुथ्स वी होल्ड : एन अमेरिकन जर्नी'

में लिखती हैं। यहाँ तक कि जब कमला मुश्किल से दो हफ्ते की थीं, तब उनके माता-पिता नवजात शिशु के साथ डाल करने और डायपर बदलने के बजाय चुनाव परिणाम देखने में व्यस्त थे। और उन्हें कौन दोष देता? 1964 के राष्ट्रपति चुनाव ने अमेरिका में चुनावों को कवर करने के तरीके में बदलाव किया। दो उम्मीदवार—डेमोक्रेटिक पार्टी से लिंडन बी जॉनसन और रिपब्लिकन पार्टी के बैरी गोल्डवाटर—अपने व्यक्तित्व और विचारधारा में बिल्कुल विरोधी थे और प्रेस ने उम्मीदवारों के पिछले कामों या प्रस्तावित नीतियों के बजाय व्यक्तित्व और मुद्दों पर उनके व्यक्तिगत विचारों को कवर करना चुना, जैसाकि पिछले राष्ट्रपति चुनावों में हुआ था।

जॉनसन ने शानदार जीत के साथ कैलिफोर्निया जीता। 16 वर्षों में यह पहली बार था, जब किसी डेमोक्रेट ने राज्य में जीत हासिल की थी। डेमोक्रेटिक पार्टी के लिए कैलिफोर्निया का वोट देश में नागरिक अधिकार कानून के कार्यान्वयन के तरीके के लिए निर्णायक था और इसने राष्ट्रपति जॉनसन की नागरिक अधिकारों पर घरेलू नीति के लिए आवश्यक ताकत दी।[2] इस प्रकार बार-बार राजनीतिक चर्चाएँ होना बचपन से ही कमला और उनकी बहन के जीवन का हिस्सा बन गई थीं।

जॉनसन ने शानदार जीत के साथ कैलिफोर्निया जीता। 16 वर्षों में यह पहली बार था, जब किसी डेमोक्रेट ने राज्य में जीत हासिल की थी। डेमोक्रेटिक पार्टी के लिए कैलिफोर्निया का वोट देश में नागरिक अधिकार कानून के कार्यान्वयन के तरीके के लिए निर्णायक था और इसने राष्ट्रपति जॉनसन की नागरिक अधिकारों पर घरेलू नीति के लिए आवश्यक ताकत दी।

बर्कले से लेकर शैंपेन-अर्बाना में इलिनोइस विश्वविद्यालय (जहाँ माया का जन्म हुआ था) से लेकर इवान्स्टन में नॉर्थ-वेस्टर्न यूनिवर्सिटी और मेडिसन में विस्कॉन्सिन विश्वविद्यालय तक डोनाल्ड अपने कॅरियर के शुरुआती वर्षों में हमेशा एक शहर से दूसरे शहर घूमते रहे।[3] हालाँकि यह परिवर्तनकारी राजनीति का युग था। नस्लीय न्याय की माँग और पर्यावरणवाद को राजनीतिक निर्णयों का हिस्सा बनाने का आह्वान अपनी पैठ बना रहा था और लड़कियों ने बालपन से ही अपने माता-पिता के साथ विरोध-प्रदर्शन में भाग लेना शुरू कर दिया था।

अपने संस्मरण में कमला अपने माता-पिता के संगीत संग्रहों को सुनना याद करती हैं। एक ओर श्यामला, एक प्रतिभाशाली गायिका, ने सुसमाचार संगीत के साथ गुनगुनाते हुए आनंद लिया, डोनाल्ड को जैज पसंद था। श्यामला ने प्रोटेस्टेंट ईसाई बनकर अपने पति के धर्म को अपनाया, जबकि उन्होंने हिंदू मंदिरों में जाना जारी रखा और कभी-कभी वहाँ भक्ति गीत गाती रहीं।

अपने संस्मरण में कमला अपने माता-पिता के संगीत संग्रहों को सुनना याद करती हैं। एक ओर श्यामला, एक प्रतिभाशाली गायिका, ने सुसमाचार संगीत के साथ गुनगुनाते हुए आनंद लिया, डोनाल्ड को जैज पसंद था। श्यामला ने प्रोटेस्टेंट ईसाई बनकर अपने पति के धर्म को अपनाया, जबकि उन्होंने हिंदू मंदिरों में जाना जारी रखा और कभी-कभी वहाँ भक्ति गीत गाती रहीं। इसने लड़कियों को न केवल एक द्विजातीय और द्विसांस्कृतिक तरीके से, बल्कि जीवन के एक अंतर-धार्मिक तरीके से भी रूबरू कराया। इसी पृष्ठभूमि का कमला हैरिस के व्यक्तित्व पर असर दिखाई देता है, जो कई अमेरिकी दिग्गजों से उन्हें अलग दिखाती है। बी.बी.सी.कॉम की एक रिपोर्ट के अनुसार, 'देश के जिन हिस्सों में

तेजी से जनसांख्यिकीय परिवर्तन देखा गया है, उस क्षेत्र की राजनीति को बदलने के लिए किए गए पर्याप्त परिवर्तन, उनमें एक आकांक्षी प्रतीक दिखाते हैं।'[4]

दुर्भाग्य से, 1969 में श्यामला और डोनाल्ड के अलग होने के कारण, लड़कियों को जीवन में बहुत कम उम्र में ही भावनात्मक उथल-पुथल का सामना करना पड़ा। उस समय कमला की उम्र पाँच साल और माया की उम्र तीन साल थी। इस जोड़े ने अंततः जनवरी 1972 में तलाक के लिए अर्जी दी, जब डोनाल्ड विस्कॉन्सिन विश्वविद्यालय में कार्यरत थे। कमला अपने संस्मरण में लिखती हैं, 'मैं जानती थी कि वे एक-दूसरे से बहुत प्यार करते हैं, लेकिन ऐसा लग रहा था कि वे तेल और पानी की तरह हो गए हैं। हालाँकि श्यामला को लड़कियों की कस्टडी मिली, डोनाल्ड को उन्हें हर दूसरे सप्ताहांत और गरमियों में 60 दिनों के लिए देखने की अनुमति थी। उसी वर्ष, डोनाल्ड स्टैनफोर्ड विश्वविद्यालय में पढ़ाने लगे, जहाँ वे अर्थशास्त्र विभाग में नौकरी करनेवाले पहले अश्वेत अर्थशास्त्री बने। उन्होंने इस समय दिल्ली स्कूल ऑफ इकोनॉमिक्स में विजिटिंग फेलो के रूप में भारत का दौरा किया। वे येल विश्वविद्यालय में विजिटिंग प्रोफेसर भी थे। इसे विडंबना ही कहें कि भले ही उन्होंने लिखा है कि स्टैनफोर्ड में रहने की उनकी कोई दिली इच्छा नहीं थी, वे उसी विश्वविद्यालय में रहे, जहाँ

दुर्भाग्य से, 1969 में श्यामला और डोनाल्ड के अलग होने के कारण, लड़कियों को जीवन में बहुत कम उम्र में ही भावनात्मक उथल-पुथल का सामना करना पड़ा। उस समय कमला की उम्र पाँच साल और माया की उम्र तीन साल थी। इस जोड़े ने अंततः जनवरी 1972 में तलाक के लिए अर्जी दी, जब डोनाल्ड विस्कॉन्सिन विश्वविद्यालय में कार्यरत थे।

वे 1998 में अपनी सेवानिवृत्ति तक एमेरिटस प्रोफेसर के पद पर रहे। उस समय को याद करते हुए, कमला अपने संस्मरण में लिखती हैं, 'मेरे पिता हमारे जीवन का हिस्सा बने रहे। हम उन्हें सप्ताहांत पर मिलते और पालो ऑल्टो में उनके साथ गरमी की छुट्टियाँ बिताते। लेकिन वास्तव में मेरी माँ ने ही हमारे पालन-पोषण की जिम्मेदारी सँभाली थी। हम कैसी महिला बनेंगी, इसका आकार देने में सबसे जिम्मेदार भूमिका उन्होंने निभाई।'[5]

अलगाव के लगभग एक साल बाद, श्यामला लड़कियों के साथ बैनक्रॉफ्ट वे पर एक डुप्लेक्स की सबसे ऊपरी मंजिल में रहने चली गई। बर्कले का यह हिस्सा, जिसे फ्लैटलैंड्स के रूप में जाना जाता है, मजदूर वर्ग के परिवारों से आबाद था और कमला इसे करीबी पड़ोस के रूप में याद करती हैं—एक ऐसा समुदाय, जिसमें सभी एक-दूसरे के साथ थे।

अलगाव के लगभग एक साल बाद, श्यामला लड़कियों के साथ बैनक्रॉफ्ट वे पर एक डुप्लेक्स की सबसे ऊपरी मंजिल में रहने चली गई। बर्कले का यह हिस्सा, जिसे फ्लैटलैंड्स के रूप में जाना जाता है, मजदूर वर्ग के परिवारों से आबाद था और कमला इसे करीबी पड़ोस के रूप में याद करती हैं—एक ऐसा समुदाय, जिसमें सभी एक-दूसरे के साथ थे। 'द ट्रुथ्स वी होल्ड' में वे लिखती हैं कि 'हम वित्तीय रूप से समृद्ध नहीं थे, लेकिन जिन मूल्यों को हमने आत्मसात् किया, उन्होंने एक अलग तरह की संपत्ति प्रदान की। मेरी माँ माया और मुझे हर सुबह अपनी शोध प्रयोगशाला में काम पर जाने से पहले तैयार करवाती थीं।' वे एक अविभाज्य तिकड़ी बन गए और उन्हें अकसर एक इकाई के रूप में संदर्भित किया जाता था—लोग उन्हें 'श्यामला और लड़कियों' के रूप में पुकारते थे। कमला ने अपनी

माँ और छोटी बहन के साथ अपने रिश्ते के बारे में बताया, खासकर तब से जब से सिर्फ वे तीन थीं, कमला ने 'वाशिंगटन पोस्ट' को बताया, 'हमने एक ऐसा बंधन बनाया, जो अटूट है। जब मैं इसके बारे में सोचती हूँ, हमारे जीवन के सभी खुशी के क्षण, सभी चुनौतीपूर्ण क्षण, परिवर्तन के सभी क्षण, हम हमेशा साथ रहे हैं।'[6]

कमला ने कई बार साक्षात्कारों में उल्लेख किया है कि वे कभी-कभी तैयार भोजन को ना खाने को लेकर अकड़ जातीं तो उनकी माँ सबकुछ नए सिरे से पकातीं। एकल नौकरीपेशा माँ होने के बावजूद श्यामला ने कभी कोई शॉर्टकट नहीं अपनाया। जब वे अक्तूबर 2020 में अपने यू-ट्यूब चैनल के लिए मिंडी कलिंग के साथ एक शो में आईं और उन्हें 'बारीक' प्याज काटने के कौशल के लिए सराहा गया तो कमला ने स्वीकार किया कि यह उन कौशलों में से एक है, जो उन्होंने अपनी माँ से सीखे थे, क्योंकि बड़े होते हुए उन्होंने अपनी माँ श्यामला के साथ बहुमूल्य समय बिताया था। कमला खाने की बहुत शौकीन मानी जाती हैं और उन्हें कई कुकरी शो में देखा गया है, हालाँकि जैसा वे मानती हैं, उनका पसंदीदा भोजन हमेशा उनकी माँ द्वारा बनाई दाल, डोसा, आलू की सब्जी और इडली रहा है।

> *कमला ने कई बार साक्षात्कारों में उल्लेख किया है कि वे कभी-कभी तैयार भोजन को ना खाने को लेकर अकड़ जातीं तो उनकी माँ सबकुछ नए सिरे से पकातीं। एकल नौकरीपेशा माँ होने के बावजूद श्यामला ने कभी कोई शॉर्टकट नहीं अपनाया।*

□

माया हैरिस, कमला की बहन और एक प्रसिद्ध नागरिक अधिकार वकील, अपने कॅरियर की पसंद के लिए अपने माता-पिता की सक्रिय

भागीदारी को भी श्रेय देती हैं। अपने लॉ स्कूल की पत्रिका में प्रकाशित एक लेख में वे कहती हैं, 'उनकी सक्रियता और वे जो हासिल करने का प्रयास कर रहे थे, हमने खाने की मेज पर उसके बारे में ही बात की थी। 'मुझे बहुत कम उम्र में पता था कि मैं एक दिन ऐसा कॅरियर चुनूँगी, जो मुझे सामाजिक न्याय के लिए काम करने और लोगों के जीवन की गुणवत्ता में सुधार लाने पर ध्यान केंद्रित करने की अनुमति देगा।'

1989 में कैलिफोर्निया विश्वविद्यालय, बर्कले से आर्ट्स स्नातक की डिग्री प्राप्त करने के बाद उन्होंने स्टैनफोर्ड लॉ स्कूल में दाखिला लिया। 17 साल की उम्र में उनकी इकलौती संतान उनकी बेटी मीना हैरिस थी। लेकिन एक युवा एकल माँ की सभी जिम्मेदारियों के साथ उन्होंने पढ़ाई जारी रखी। श्यामला छोटी मीना को पालने में मदद करतीं, ताकि माया अपनी कॉलेज की शिक्षा पूरी कर सके।

1989 में कैलिफोर्निया विश्वविद्यालय, बर्कले से आर्ट्स स्नातक की डिग्री प्राप्त करने के बाद उन्होंने स्टैनफोर्ड लॉ स्कूल में दाखिला लिया। 17 साल की उम्र में उनकी इकलौती संतान उनकी बेटी मीना हैरिस थी। लेकिन एक युवा एकल माँ की सभी जिम्मेदारियों के साथ उन्होंने पढ़ाई जारी रखी। श्यामला छोटी मीना को पालने में मदद करतीं, ताकि माया अपनी कॉलेज की शिक्षा पूरी कर सके। 1992 में उन्होंने डिस्टिंगशन के साथ अपनी ज्यूरिस डॉक्टर की उपाधि प्राप्त करने के बाद स्टैनफोर्ड में परीक्षा दी। स्टैनफोर्ड में ही वे अपने भावी पति टोनी वेस्ट की दोस्त बनी थीं, हालाँकि उन्होंने स्नातक की पढ़ाई के बाद डेटिंग शुरू की। अपनी पहली मुलाकात के लगभग एक दशक बाद 1998 में उन्होंने शादी की। वेस्ट ने पूर्व राष्ट्रपति बराक ओबामा के न्याय विभाग,

सिविल डिवीजन में सहायक अटॉर्नी जनरल के रूप में काम किया। खुद एक पुरस्कार विजेता वकील, माया को अकसर 'अगला बॉबी कैनेडी' कहा जाता है और उन्होंने 2016 में हिलेरी क्लिंटन तथा 2019 में बहन कमला के राष्ट्रपति अभियानों में महत्त्वपूर्ण भूमिका निभाई। अपनी बहन की तरह, माया भी उनके जीवन और कॅरियर पर अपनी माँ के महत्त्वपूर्ण प्रभाव को स्वीकार करती हैं। स्टैनफोर्ड लॉ स्कूल की पत्रिका के स्प्रिंग 2010 के अंक के एक लेख में, माया ने लिखा, 'वे (मेरी माँ) अपने क्षेत्र में निपुण थीं, फिर भी हमेशा दूसरों की मदद के लिए तत्पर रहतीं, फिर चाहे वे महिलाएँ, जो स्तन कैंसर से प्रभावित थीं या छात्र, जो वित्तीय सहायता पाने की कोशिश कर रहे होते। उनके उदाहरण और उसके मूल मूल्यों ने मुझ पर और मेरी बहन पर बहुत गहरा प्रभाव डाला।'

जो बिल्कुल भी एक-दूसरे की तरह नहीं दिखती हैं, जहाँ कमला अपने पिता से मिलती-जुलती हैं और माया अपनी माँ की तरह अधिक दिखती हैं, हमेशा एक-दूसरे के बहुत करीब रही हैं। 2014 में अटॉर्नी जनरल के पद के लिए कमला हैरिस के शपथ-ग्रहण समारोह में वे माया थीं, जिन्होंने बाइबिल पकड़ी थी।

बहनें, जो बिल्कुल भी एक-दूसरे की तरह नहीं दिखती हैं, जहाँ कमला अपने पिता से मिलती-जुलती हैं और माया अपनी माँ की तरह अधिक दिखती हैं, हमेशा एक-दूसरे के बहुत करीब रही हैं। 2014 में अटॉर्नी जनरल के पद के लिए कमला हैरिस के शपथ-ग्रहण समारोह में वे माया थीं, जिन्होंने बाइबिल पकड़ी थी। कमला ने 2020 में अपने चुनाव अभियान में अपनी बहन की भागीदारी के बारे में 'पोलिटिको' से बात करते हुए कहा, 'मुझे लगता है कि माया को जाननेवाले ज्यादातर लोग आपको बताएँगे कि वह सबसे चतुर लोगों में से एक है।' 'सच यह

है कि उन्होंने इस अभियान पर इतने उच्च स्तर पर स्वेच्छा से काम किया है और वे वही हैं, जो वे हमेशा से रही हैं—वे चौबीस घंटे काम करती हैं और इस अभियान में सबसे अधिक काम करनेवाले लोगों में से एक रही हैं, बल्कि सबसे अधिक काम करनेवाली रही हैं—मैं खुद को बहुत खुशनसीब मानती हूँ।'[7]

लोगों की नजरों से दूर माया लंबे समय से अपनी खुद की लड़ाई लड़ रही थी। जब वे 22 साल की थीं, तब लॉ स्कूल शुरू करने ही वाली थीं, उन्हें ऑटोइम्यून बीमारी ल्यूपस होने का पता चला। 'महिला स्वास्थ्य' पत्रिका के साथ एक साक्षात्कार में उन्होंने चार साल की बेटी के साथ इससे निपटने के अपने अनुभव के बारे में बात की। 'अनगिनत बार मेरी माँ ने मुझसे कहा था कि मैं जिस भी चीज पर ध्यान लगाऊँ, मैं वह सबकुछ कर सकती हूँ, फिर चाहे इसे पाने में मुझे कितनी भी बाधाओं का सामना करना पड़े। इस पर ध्यान नहीं दो, अपना सिर ऊपर रखो, इस समस्या से लड़ने की ताकत जुटाओ और विजयी हो।' 'माँ का ऐसा कहना याद करते हुए वे बताती हैं। महामारी के निराशाजनक समय के दौरान माया को उस रहस्य को उजागर करने की आवश्यकता महसूस हुई, जिसे केवल कुछ मुट्ठी भर लोग ही तीन दशकों से जानते थे।

लोगों की नजरों से दूर माया लंबे समय से अपनी खुद की लड़ाई लड़ रही थी। जब वे 22 साल की थीं, तब लॉ स्कूल शुरू करने ही वाली थीं, उन्हें ऑटोइम्यून बीमारी ल्यूपस होने का पता चला। 'महिला स्वास्थ्य' पत्रिका के साथ एक साक्षात्कार में उन्होंने चार साल की बेटी के साथ इससे निपटने के अपने अनुभव के बारे में बात की।

इस बीच विडंबना ही कहें कि उनकी कैंसर-शोधकर्ता माँ को पेट का कैंसर होने का पता चला। श्यामला, जिन्हें उनकी दोनों बेटियाँ कीमोथेरैपी के लिए ले जाया करती थीं, उन्हें उन अधिकांश चीजों में रुचि खोना शुरू कर दिया था, जो कभी उन्हें आकर्षित करती थीं, जिसमें राजनीतिक घटनाएँ और समाचार शामिल थे। 'न्यूयॉर्क टाइम्स' के एक कॉलम में कमला ने अपनी माँ को अटॉर्नी जनरल के पद के लिए चुनाव लड़ने के अपने फैसले के बारे में बताया, जिसके लिए चुनाव दो साल बाद होगा और कड़ी प्रतिस्पर्धा का सामना करना पड़ेगा। 'मम्मी, ये लोग कह रहे हैं कि वे मेरी हालत खराब कर देंगे।' मैंने उनसे कहा। श्यामला ने कुछ भी नहीं कहा, लेकिन बस अपनी बेटी की ओर चमकीली मुसकान बिखेर दी। 'वह जानती थी कि उन्होंने किसे पाला है। वह जानती थी कि उनकी लड़ने की भावना अभी जीवित है और मेरे अंदर अच्छी तरह से है जीवित है।' कमला ने लिखा।[8]

इस बीच विडंबना ही कहें कि उनकी कैंसर-शोधकर्ता माँ को पेट का कैंसर होने का पता चला। श्यामला, जिन्हें उनकी दोनों बेटियाँ कीमोथेरैपी के लिए ले जाया करती थीं, उन्हें उन अधिकांश चीजों में रुचि खोना शुरू कर दिया था, जो कभी उन्हें आकर्षित करती थीं, जिसमें राजनीतिक घटनाएँ और समाचार शामिल थे।

11 फरवरी, 2009 को श्यामला गोपालन हैरिस ने अपनी बेटियों को अलविदा कह दिया। ओकलैंड में पेट के कैंसर से उनकी मृत्यु हो गई थी। 2020 में जब कमला ने संयुक्त राज्य अमेरिका की उपराष्ट्रपति चुनकर दुनिया के सबसे ऊँचे मुकाम को हासिल किया तो माया ने एक भावनात्मक ट्वीट पोस्ट करते हुए कहा, 'मम्मी ने हमें सिखाया कि हम कुछ भी हो सकते हैं और कुछ भी कर सकते हैं। वे आज गर्व से भी ऊँचे होंगी।'

एक हफ्ता भी ऐसा नहीं जाता, जब कमला अपनी माँ के प्रेरक प्रसंगों की उन लोगों के साथ चर्चा नहीं करती, जिनके साथ वे हर पल काम करती हैं। अपनी माँ की पसंदीदा ज्ञान की बातों में से एक, जिसे कमला ने अकसर सार्वजनिक रूप से भी दोहराया है, उनमें आंतरिक रूप से निहित है—'आप कई चीजें करनेवाले पहले व्यक्ति हो सकते हैं, लेकिन सुनिश्चित करें कि आप अंतिम नहीं हों।'

□

2

आधी भारतीय, आधी-जमैका, पूरी अमेरिकी

"मेरे माता-पिता मुझे मेरी स्ट्रॉलर में कसकर बाँधकर विरोध-प्रदर्शन में लाते और मेरी माँ श्यामला ने मेरी बहन, माया और मुझे इस विश्वास के साथ बड़ा किया कि यह हम और अमेरिकियों की हर पीढ़ी का काम है कि आगे बढ़ते रहना है।"

—**कमला हैरिस**, *संयुक्त राज्य अमेरिका के उपराष्ट्रपति के लिए डेमोक्रेटिक पार्टी के उम्मीदवार के रूप में अपनी पहली अभियान उपस्थिति के दौरान*

अपने अमेरिकी पालन-पोषण के बावजूद कमला हमेशा अपनी जड़ों के करीब रही हैं। कमला और माया के पिता, डोनाल्ड जे. हैरिस, जो 1961 के अंत में औपनिवेशिक जमैका सरकार द्वारा प्रायोजित छात्रवृत्ति पर अमेरिका आए थे, हम बहनों के लिए जमैका में अपने रिश्तेदारों से मिलने और उनके बचपन की झलक देने के लिए अकसर यात्राओं की व्यवस्था करते। एक अर्थशास्त्री और एक प्रसिद्ध प्रोफेसर होने के नाते, उनके लिए लड़कियों को, जो वे संयुक्त राज्य में रहकर जीती थीं और देखती थीं, उससे इतर एक वैकल्पिक वास्तविकता से अवगत कराना बेहद जरूरी था। 'जमैका ग्लोबल ऑनलाइन' पर प्रकाशित 'रिफ्लेक्शंस ऑफ ए जमैकियन फादर' नामक एक निबंध में उन्होंने लिखा, 'जमैका की सरकार के साथ उन स्थितियों के बारे में कुछ करने के लिए योजना तैयार करने और उपयुक्त नीतियाँ बनाने में कड़ी मेहनत करते हुए मैं उन्हें एक गरीब देश में आर्थिक और सामाजिक जीवन के अंतर्विरोधों को समझाने की कोशिश करूँगा, जैसे अत्यधिक गरीबी और अत्यधिक धनी के बीच बेमेल संयोजन।'[1]

स्टैनफोर्ड एमेरिटस प्रोफेसर, जो अब अपने अस्सी के दशक में हैं, निबंध में अपनी सबसे प्यारी यादों में से एक को जमैका में अपनी बेटियों कमला और माया के साथ याद करते हैं, जोकि बच्चों की कस्टडी की लड़ाई शुरू होने से पहले की थी, जिसके बाद उनकी अंतरंगता और निकटता में कमी आ आई थी। उनकी स्मृति में अंकित एक यात्रा है, जो

उन्होंने 1970 में ऑरेंज हिल में की थी। 'हमने गाय के गोबर और जंग लगे लोहे के फाटकों, ऊपर और नीचे, सँकरे रास्तों से होते हुए पारिवारिक संपत्ति के बहुत अंत तक गए, सिर्फ अपनी बच्चियों को वह इलाका दिखाने की मेरी उत्सुकता कि मैं एक लड़के के रूप में जहाँ घंटों भटकता था।' वे आगे कहते हैं, 'एक छोटी सी पहाड़ी की चोटी पर पहुँचने पर उस दृश्य को देख कमला, जो हमेशा से साहसी और दृढ़ रही, अचानक भागने लगी, माया को पीछे प्रतिस्पर्धा कर जो अधिक सतर्क रहती थी और सेरेंगेटी में एक बारहसिंगा की तरह, चट्टानों और झाड़ियों और गिरी हुई शाखाओं पर छलाँग लगाते हुए, उसी मोहक इलाके का पता लगाने के लिए पूरी खुशी और उत्सुकता से निकल जाती। मैं तुरंत उस पल को रिकॉर्ड करने के लिए अपने भरोसेमंद कैनन सुपर एट मूवी कैमरे के साथ (हर अवसर के लिए कैमरामैन के रूप में मेरी सामान्य भूमिका में) उसका पीछा करता। मैं उसी समय यह सोचने से खुद को रोक नहीं सका कि एक पीढ़ी से दूसरी पीढ़ी को सौंपे जानेवाले रोमांचक पुनः खोज के क्षण!'

हमने गाय के गोबर और जंग लगे लोहे के फाटकों, ऊपर और नीचे, सँकरे रास्तों से होते हुए पारिवारिक संपत्ति के बहुत अंत तक गए, सिर्फ अपनी बच्चियों को वह इलाका दिखाने की मेरी उत्सुकता कि मैं एक लड़के के रूप में जहाँ घंटों भटकता था।

वर्षों से डोनाल्ड अपनी बेटियों के जीवन का हिस्सा रहे हैं। उन्होंने अपनी परपोती (माया की पोती) को गोद में लेकर जो खुशी महसूस की, उसका भी वर्णन किया है और उसी भावना को महसूस किया है, जो उनकी दादी, मिस आइरिस ने पहली बार कमला को गोद में लेकर महसूस किया होगा।

भारत में कमला का विस्तृत परिवार, जिनसे वे अपने पिता के वंश की तुलना में अधिक बार मिलने गई हैं, उन्हें हमेशा कमला के कार्यों पर गर्व रहा है। उनके मामा गोपालन बालचंद्रन, जो अब दिल्ली में रहते हैं, उन्होंने अपनी भानजी के उपराष्ट्रपति पद के नामांकन पर प्रसन्नता व्यक्त करते हुए कहा कि वे इससे बिल्कुल भी आश्चर्यचकित नहीं हैं। मीलों दूर होने के बावजूद परिवार ने कमला के उज्ज्वल कॅरियर के मील के पत्थरों पर कड़ी नजर रखी है और उनकी दृढ़ता तथा जोश के लिए उनकी प्रशंसा की। बालचंद्रन ने स्वीकार किया कि उनकी भानजी के संयुक्त राज्य अमेरिका में उपराष्ट्रपति पद की प्रतिस्पर्धा में शामिल होने के बाद से उनका फोन बजना बंद नहीं हुआ। 'कई वर्षों तक अमेरिकी नीति और राजनीति का अध्ययन करने के बाद मुझे पता था कि कमला एक आदर्श उम्मीदवार है। केवल एक चीज जो मैंने महसूस की, वह यह है कि उन्हें यह निर्णय लेने में इतना समय क्यों लगा?' उन्होंने 'प्रिंट' को बताया। 'ब्लैक लाइव्स मैटर आंदोलन के कारण अफ्रीकी-अमेरिकी समुदाय प्रमुख प्रतिनिधित्व की तलाश में था। जिला अटॉर्नी और सीनेटर के रूप में उनकी साख भी महत्त्वपूर्ण थी, साथ ही इस तथ्य के साथ कि वे एक महिला हैं।'[2]

भारत में कमला का विस्तृत परिवार, जिनसे वे अपने पिता के वंश की तुलना में अधिक बार मिलने गई हैं, उन्हें हमेशा कमला के कार्यों पर गर्व रहा है। उनके मामा गोपालन बालचंद्रन, जो अब दिल्ली में रहते हैं, उन्होंने अपनी भानजी के उपराष्ट्रपति पद के नामांकन पर प्रसन्नता व्यक्त करते हुए कहा कि वे इससे बिल्कुल भी आश्चर्यचकित नहीं हैं।

आखिरकार जब कमला जीत गईं तो तमिलनाडु में उनके पैतृक गाँव थुलसेंद्रपुरम में विशेष रूप से उत्सव का माहौल था। 'द हिंदू' की

एक रिपोर्ट के अनुसार, गाँव के निवासी उत्सव मनाने के लिए सड़कों पर आ गए, उनके पोस्टर हाथों में पकड़े, पटाखे फोड़े और अपनी खुशी व्यक्त करने के लिए मिठाई बाँटी। कमला के नाना पी.वी. गोपालन का घर थुलसेंद्रपुरम तिरुवरूर जिले में एक कम आबादी वाला गाँव है। 'उस दिन गाँववाले सुबह जल्दी उठे और सुश्री हैरिस की जीत की जय-जयकार करते हुए अपने घरों के सामने रंगीन रंगोली बनाई। थुलसेंद्रपुरम में एक घर के सामने रंगीन रंगोली के साथ एक वाक्य पढ़ा गया—'बधाई हो कमला हैरिस, हमारे गाँव की शान', 'दि हिंदू' रिपोर्ट में लिखा गया।

> ***उस दिन गाँववाले सुबह जल्दी उठे और सुश्री हैरिस की जीत की जय-जयकार करते हुए अपने घरों के सामने रंगीन रंगोली बनाई। थुलसेंद्रपुरम में एक घर के सामने रंगीन रंगोली के साथ एक वाक्य पढ़ा गया—'बधाई हो कमला हैरिस, हमारे गाँव की शान', 'दि हिंदू' रिपोर्ट में लिखा गया।***

जमैका में भी इसी तरह की खुशी का ठिकाना न था। 'वाशिंगटन पोस्ट' में एक समाचार लेख से पता चला कि जमैका के प्रधानमंत्री एंड्रयू होल्नेस ने हैरिस की महिलाओं के लिए स्मारकीय उपलब्धि के साथ-साथ उनकी जमैका की विरासत को सलाम किया। जमैका में एक नीति विश्लेषक और कमला के दूसरे चचेरे भाई, 39 वर्षीय लाटोया हैरिस ने कहा, 'विश्व मंच पर सबसे ऊँचे पदों में से एक तक किसी अपने का पहुँचना बेहद सुखद और गर्व करने वाला है।'[3]

कमला और माया हमेशा अपनी दो मौसियों के ज्यादा करीब रही हैं और हर मोड़ पर जिनका साथ उन्हें मिला है। उनकी चिट्टी (अर्थात् उनकी माँ की छोटी बहन) डॉ. सरला गोपालन, तमिलनाडु के चेन्नई

में रहती हैं, याद करती हैं, जब कैलिफोर्निया के अटॉर्नी जनरल के पद के लिए खड़ी कमला के अनुरोध पर उनके लिए प्रार्थना करने के लिए मंदिर में नारियल फोड़े थे। जब कमला प्रचार अभियान पर थी तो इस बार भी उन्होंने बिना पूछे उस रस्म का पालन किया। Rediff.com को अपने एक साक्षात्कार में उन्होंने बताया, 'मैंने 108 नारियल तोड़े, लेकिन उसके बिना मुझसे ऐसा करने के लिए कहे।' 'वे यह भी नहीं जानती थीं कि मैंने (वह) यह सब किया था। अटॉर्नी जनरल के रूप में उसने बहुत अच्छा प्रदर्शन किया और काम को पूरी लगन से पूरा किया। उसने कैलिफोर्निया राज्य के लिए कई चीजें पाने के लिए लड़ाई लड़ी और इसलिए उसने (अमेरिकी सीनेट की प्रतिस्पर्धा) इतने बड़े अंतर से जीती''सीनेट के लिए चुनाव लड़ने का फैसला करने के बाद और नामांकन दाखिल करने से पहले, उसने हम सभी से बात की और हमें अपने फैसले के बारे में बताया। हमने अच्छे की उम्मीद की, क्योंकि हम उसके लिए जो सबसे अच्छा है, वही चाहते थे। वह वास्तव में इसे हासिल करना चाहती थी।' उन्होंने कहा।

> *अटॉर्नी जनरल के रूप में उसने बहुत अच्छा प्रदर्शन किया और काम को पूरी लगन से पूरा किया। उसने कैलिफोर्निया राज्य के लिए कई चीजें पाने के लिए लड़ाई लड़ी और इसलिए उसने (अमेरिकी सीनेट की प्रतिस्पर्धा) इतने बड़े अंतर से जीती''सीनेट के लिए चुनाव लड़ने का फैसला करने के बाद और नामांकन दाखिल करने से पहले, उसने हम सभी से बात की और हमें अपने फैसले के बारे में बताया।*

गोपालन ने कमला के व्यक्तित्व को आकार देने में कमला की माँ के अतुलनीय योगदान के बारे में भी बताया। श्यामला ने सुनिश्चित किया कि उनकी बेटियाँ अकसर चेन्नई जाएँ और उन्हें हिंदू मंदिरों और

पौराणिक कथाओं से परिचित हों। 'भले ही वह (कमला) अमेरिका में पैदा हुई और पली-बढ़ीं, लेकिन मेरी बहन ने अपनी दक्षिण भारतीय संस्कृति और मूल्यों को आत्मसात् किया। वे मंदिर जाने में विश्वास करती हैं, क्योंकि उनकी माँ को इसमें विश्वास था। कमला आज जो कुछ भी हैं, अपनी माँ की वजह से हैं। श्रेय किसी अन्य व्यक्ति को नहीं जाता है। यह मेरी बहन है, उसकी माँ, जिसने उसे इस तरह पाला।' उन्होंने कहा।

कमला की सबसे छोटी मौसी महालक्ष्मी, जो कनाडा में रहती हैं, चुनाव अभियान के दौरान कमला के साथ रहीं। श्यामला के निधन के बाद महालक्ष्मी विशेष रूप से उनका ध्यान रखतीं, अपनी भानजी के जीवन और बेहतरी में गहरी दिलचस्पी लेती रहीं। अभियान के दौरान महालक्ष्मी ने कमला के साथ रैलियों और अन्य सभाओं में भाग लेने के लिए बड़े पैमाने पर यात्रा की।

कमला की सबसे छोटी मौसी महालक्ष्मी, जो कनाडा में रहती हैं, चुनाव अभियान के दौरान कमला के साथ रहीं। श्यामला के निधन के बाद महालक्ष्मी विशेष रूप से उनका ध्यान रखतीं, अपनी भानजी के जीवन और बेहतरी में गहरी दिलचस्पी लेती रहीं। अभियान के दौरान महालक्ष्मी ने कमला के साथ रैलियों और अन्य सभाओं में भाग लेने के लिए बड़े पैमाने पर यात्रा की। अभियान के विवरण पर परिवार को बताने के अलावा उन्होंने कमला और उसके पति के लिए स्वादिष्ट दक्षिण भारतीय भोजन भी तैयार किया।

कुछ समाचार रिपोर्टों के अनुसार, भारतीय अमेरिकियों का एक वर्ग कमला द्वारा अपनी भारतीय पहचान से अफ्रीकी पहचान को अधिक महत्त्व देने के बारे में असंतोष प्रकट करता है। इसके लिए कमला का

तर्क यह है कि जब उनकी माँ को यह अहसास हुआ कि उनके दत्तक देश में उनकी बेटियों को 'काली लड़कियों' के रूप में देखा जाएगा तो उन्होंने उन्हें 'काली बेटियों' के रूप में पाला। क्योंकि उन्होंने अपने पिता का उपनाम रखा था—वे कमला और माया हैरिस थीं, गोपालन नहीं। फिर भी इस बात से इनकार नहीं किया जा सकता है कि कमला का अपनी माँ के परिवार के साथ बहुत करीबी रिश्ता है।

हालाँकि मीडिया कमला को ऐसे पेश करता है, जैसाकि वे अकसर कहती हैं कि उन्हें अपनी पहचान पर गर्व है। उन्होंने जोर देकर अपनी राय व्यक्त की है कि राजनेताओं को उनके रंग या पृष्ठभूमि के कारण किसी डिब्बे में खुद को फिट नहीं करना है। जैसाकि उन्होंने 2019 में 'वाशिंगटन पोस्ट' को बताया, 'मेरा प्वॉइंट—मैं वह हूँ, जो मैं हूँ। मैं इसके साथ खुश हूँ। आपको इसका पता लगाने की आवश्यकता हो सकती है, लेकिन मैं इसके साथ सहज हूँ।'[4]

□

3

युवावस्था में शुरुआत

"मेरी माँ की पसंदीदा कहावतों में से एक थी—'किसी को यह मत बताने दो कि तुम कौन हो। आप उन्हें बताओ कि आप कौन हैं।' इसलिए मैंने ऐसा किया। मुझे पता था कि परिवर्तन लाने का हिस्सा होना वह था, जो मैंने अपने पूरे जीवन में देखा था, जहाँ बड़ों का चिल्लाना और प्रदर्शन करना तथा बाहर से न्याय की माँग करना। लेकिन मैं यह भी जानती थी कि अंदर जिस मेज पर निर्णय लिये जा रहे थे, उस मेज पर बैठना भी एक महत्त्वपूर्ण भूमिका थी। जब कार्यकर्ता प्रदर्शन करते हुए आते और दरवाजे पीटते तो मैं उन्हें अंदर लाने के लिए दूसरी तरफ रहना चाहती थी।"

—**कमला हैरिस**, *ट्रुथ्स वी होल्ड : एन अमेरिकन जर्नी*

जब कमला ने अपनी प्रारंभिक शिक्षा ओकलैंड, अल्मेडा काउंटी, कैलिफोर्निया में शुरू की, तब भी संयुक्त राज्य अमेरिका के स्कूलों में अलग करने की प्रक्रिया जारी था। 1960 और 1970 के दशक में अमेरिका में हर चीज की तरह स्कूली शिक्षा प्रणाली भी नस्लवाद से प्रभावित थी तथा गोरों और अश्वेतों के लिए अलग-अलग स्कूल चलाने की प्रथा थी। वास्तव में, नागरिक अधिकार आंदोलन के दौरान स्कूलों के एकीकरण का बहुत महत्त्व था और 1971 में सुप्रीम कोर्ट ने व्यावहारिक रूप से अलगाव को लागू करने और बढ़ावा देने के लिए बसिंग के उपयोग को मंजूरी दी। उस समय अश्वेत रंग के अन्य छात्रों की तरह कमला भी स्कूल एकीकरण में वृद्धि और बसिंग योजना से खुद को लाभान्वित पातीं। अलगाव का अनुभव करनेवाले छात्रों के दूसरे बैच के बीच, वह थाउजेंड ओक्स एलीमेंट्री स्कूल, उत्तरी बर्कले, अल्मेडा काउंटी में भाग लेने के लिए एक समृद्ध, श्वेत पड़ोस की बस में सवार हुईं। स्कूल एकीकरण 1988 के आसपास अपने चरम पर पहुँच गया, जिसमें इस क्षेत्र में लगभग 45 प्रतिशत अश्वेत छात्रों ने बहुसंख्यक-गोरे स्कूलों में भाग लिया।[1]

हालाँकि एक ओर जहाँ सरकार ने मिश्रित नस्ल के स्कूलों को कागज पर अनुमति दी थी, वहीं हकीकत में भेदभाव के गहरे बैठे रवैए से छुटकारा पाना कठिन था। मिसिसिपी के सीनेटर जेम्स ओ. ईस्टलैंड और जॉर्जिया के हरमन ई. तल्माडगे जैसे दक्षिणी नेताओं ने जबरन

स्कूल एकीकरण का विरोध किया, जिसमें बसिंग जैसे उपाय शामिल थे।[2] उनके बच्चों को मिश्रित नस्ल के वातावरण में शिक्षित करने का विचार गोरे समुदाय में कई लोगों के लिए प्रतिकूल था और गोरे बच्चों के माता-पिता ने माँग करना, कभी-कभी जोरदार ढंग से शुरू कर दिया कि उनके बच्चों के स्कूल अश्वेत रंग के बच्चों को अंदर आने नहीं देते हैं। ईस्टलैंड ने जिन सीनेटरों को चमकाया, उनमें से एक युवा जो बाइडेन थे, जिन्होंने बसिंग पर अपना रुख साझा किया।[3] यह एक ऐसा मुद्दा होगा, जिस पर सीनेटर कमला हैरिस बिदेन को ललकारना चाहेंगी।

> ***राजनीतिक रूप से जागरूक घर में पली-बढ़ी कमला, जो उस समय एक युवा छात्रा थी, ने अपने बदलते परिवेश में सबकुछ देखा। इन उतार-चढ़ावों का अनुभव करते हुए उन्होंने राजनीतिक विकास और नस्लवाद के इर्द-गिर्द संवादों में गहरी दिलचस्पी पैदा की और छोटी सी उम्र में यह उनके भीतर शामिल हो गया था"***

राजनीतिक रूप से जागरूक घर में पली-बढ़ी कमला, जो उस समय एक युवा छात्रा थी, ने अपने बदलते परिवेश में सबकुछ देखा। इन उतार-चढ़ावों का अनुभव करते हुए उन्होंने राजनीतिक विकास और नस्लवाद के इर्द-गिर्द संवादों में गहरी दिलचस्पी पैदा की और छोटी सी उम्र में यह उनके भीतर शामिल हो गया था और इसने वाशिंगटन डी.सी. में हार्वर्ड विश्वविद्यालय, अमेरिकी राजधानी में ऐतिहासिक अश्वेत संस्था में पहले दिन से ही उन्हें अपनी जमीन खोजने में मदद की। उन्होंने मॉण्ट्रियल के हाई स्कूल से स्नातक करने के बाद राजनीति विज्ञान और अर्थशास्त्र का अध्ययन करने के लिए वहाँ दाखिला लिया था। यह परिसर उत्तर-पश्चिम वाशिंगटन में एक पहाड़ी की चोटी पर स्थित है, जो नेशनल मॉल से कुछ ही दूरी पर था, जहाँ कमला दक्षिण अफ्रीका में रंगभेद शासन के विरोध

में सप्ताहांत पर अपने दोस्तों के साथ प्रदर्शन किया करतीं मिलतीं। हार्वर्ड में अपने समय के दौरान कमला ने अपनी राजनीतिक और सामाजिक चेतना को और बढ़ावा दिया तथा इसने उन्हें गहराई से प्रभावित किया। उन्होंने परिसर में विविधता को आनंदित करनेवाला पाया। अपने संस्मरण में कमला ने जोश के साथ वर्णन किया है कि हार्वर्ड में एक छात्र होने का उनके लिए क्या मतलब था। 'हर संकेत ने छात्रों को बताया कि हम कुछ भी हो सकते हैं कि हम युवा, प्रतिभाशाली और अश्वेत थे और हमें अपनी सफलता के रास्ते में कुछ भी नहीं आने देना चाहिए। परिसर एक ऐसी जगह थी, जहाँ आपको किसी अन्य व्यक्ति की पसंद के दायरे तक सीमित नहीं रहना पड़ता था। हमें केवल यह नहीं बताया गया था कि हमारे पास महान् बनने की क्षमता है; हमें उस क्षमता तक जीने के लिए चुनौती दी गई थी। एक उम्मीद थी कि हम नेतृत्व की भूमिका निभाने के लिए अपनी प्रतिभा का विकास करें और उसका उपयोग करें तथा अन्य लोगों पर, हमारे देश पर और शायद दुनिया पर प्रभाव डालें।'

हर संकेत ने छात्रों को बताया कि हम कुछ भी हो सकते हैं कि हम युवा, प्रतिभाशाली और अश्वेत थे और हमें अपनी सफलता के रास्ते में कुछ भी नहीं आने देना चाहिए। परिसर एक ऐसी जगह थी, जहाँ आपको किसी अन्य व्यक्ति की पसंद के दायरे तक सीमित नहीं रहना पड़ता था। हमें केवल यह नहीं बताया गया था कि हमारे पास महान् बनने की क्षमता है; हमें उस क्षमता तक जीने के लिए चुनौती दी गई थी।

'वाशिंगटन पोस्ट' के साथ एक साक्षात्कार में कमला ने घोषणा की, 'मैं हार्वर्ड विश्वविद्यालय में वयस्क हो गई थी। हार्वर्ड ने—उतने ही महत्त्वपूर्ण—मेरे होने की भावना एवं इसके कारण और अर्थ को बहुत

स्पष्ट रूप से प्रभावित और प्रबल किया।[4]

विश्वविद्यालय ने उस स्थान के रूप में भी काम किया, जिसने अमेरिका के भावी उपराष्ट्रपति को राजनीति का पहला स्वाद चखाया। अपने पहले साल में वे अपने पहले निर्वाचित कार्यालय के लिए चुनाव लड़ीं—लिबरल आर्ट्स स्टूडेंट काउंसिल के नए वर्ग के प्रतिनिधि के लिए। 'यह मेरा पहला अभियान था।' कमला ने अपने संस्मरण में उल्लेख किया है कि जर्सी गर्ल शेली यंग की तरह कठिन किसी भी प्रतिद्वंद्वी का मैंने अब तक सामना नहीं किया था। 1986 में कमला ने हार्वर्ड विश्वविद्यालय से स्नातक की उपाधि प्राप्त की और कैलिफोर्निया के सीनेटर एलन क्रैंस्टन के कार्यालय में प्रशिक्षु के रूप में काम करने का मौका मिला।

विश्वविद्यालय ने उस स्थान के रूप में भी काम किया, जिसने अमेरिका के भावी उपराष्ट्रपति को राजनीति का पहला स्वाद चखाया। अपने पहले साल में वे अपने पहले निर्वाचित कार्यालय के लिए चुनाव लड़ीं—लिबरल आर्ट्स स्टूडेंट काउंसिल के नए वर्ग के प्रतिनिधि के लिए। 'यह मेरा पहला अभियान था।'

कमला ने यूनिवर्सिटी ऑफ कैलिफोर्निया हेस्टिंग्स कॉलेज ऑफ लॉ में पढ़ाई की। 1989 में ज्यूरिस डॉक्टर की डिग्री हासिल करने के बाद उन्होंने अपने नाना पी.वी. गोपालन से कुछ हद तक प्रभावित होते हुए कानून में अपना कॅरियर बनाने का फैसला किया। अपनी पुस्तक 'स्मार्ट ऑन क्राइम : ए कॅरियर प्रॉसिक्यूटर्स प्लान टू मेक अस सेफर' के परिचय में, कमला हर दो साल में भारत की अपनी यात्राओं और उनके द्वारा प्रतिस्पर्धी की अमिट छाप के बारे में खुश होकर लिखती हैं और विशेष रूप से अपने जीवन पर अपने नाना के प्रभाव

का उल्लेख करती हैं। 'मेरे नानाजी मुझसे सही काम करने के महत्त्व के बारे में बात करते, न्यायसंगत बातें। वे भारत के स्वतंत्रता आंदोलन का हिस्सा थे और बाद में भारत सरकार में संयुक्त सचिव बने, जो हमारे (संयुक्त राज्य अमेरिका) राज्य के उपसचिव के समान एक पद था। अफ्रीका में जांबिया की नई स्वतंत्र सरकार के सलाहकार के रूप में कई वर्षों तक काम करने के साथ उन्होंने कई विदेशी सेवा कार्य किए थे। मेरी नानी की उनसे बारह साल की उम्र में शादी हुई थी और सोलह साल की उम्र में वे उनके साथ रहने लगी थीं। वे अपने आप में एक मजबूत महिला थीं। उनकी शादी के बाद वे कभी-कभी गरीब महिलाओं को जागरुक करने के लिए नगाड़े के साथ सड़कों पर उतरती थीं कि वे कैसे बच्चे को जन्म देने पर नियंत्रण प्राप्त कर सकती हैं।'[5]

मेरी नानी की उनसे बारह साल की उम्र में शादी हुई थी और सोलह साल की उम्र में वे उनके साथ रहने लगी थीं। वे अपने आप में एक मजबूत महिला थीं। उनकी शादी के बाद वे कभी-कभी गरीब महिलाओं को जागरुक करने के लिए नगाड़े के साथ सड़कों पर उतरती थीं कि वे कैसे बच्चे को जन्म देने पर नियंत्रण प्राप्त कर सकती हैं।'

भारत में अपने बचपन और युवावस्था में बिताए समय के दौरान वे अकसर अपने नाना को अपने दोस्तों दादा से समुद्र तट पर सैर के दौरा बात करते हुए सुनती थीं। राजनीति, भ्रष्टाचार और न्याय पर उनकी बातचीत उन्हें आकर्षित करती। लॉ स्कूल की पत्रिका के 'स्प्रिंग 2013' अंक में प्रकाशित एक साक्षात्कार में कानून में कॅरियर चुनने के अपने फैसले पर उन्होंने कहा, 'वकीलों के पास कमजोर और बेजुबान लोगों की आवाज बनने की गहरी क्षमता और जिम्मेदारी है।' हेस्टिंग्स में अपने समय के दौरान, उन्होंने ब्लैक लॉ

स्टूडेंट्स एसोसिएशन के अध्यक्ष का पद सँभाला और वे कानूनी शिक्षा अवसर कार्यक्रम का भी हिस्सा थीं, जहाँ वह अपने परिसर में अधिक विविधता के लिए बड़े उत्साह के साथ वकालत करतीं।

दिलचस्प बात यह है कि कमला बार परीक्षा के अपने पहले प्रयास में असफल हो गई। ऐसा नहीं है कि इसने उन्हें किसी भी तरह से निराश किया। आखिरकार वे मिशेल ओबामा और जॉन एफ. कैनेडी जूनियर जैसे अन्य प्रमुख लोगों के रैंक में शामिल हो गईं, जिन्होंने अपने पहले प्रयास में उसी परीक्षा में असफल होने के बाद अपने लिए शानदार कॅरियर बनाया। आखिरकार, जून 1990 में उन्होंने बार की परीक्षा पास की और उसके बाद उन्हें कोई रोक नहीं पाया। वे पहली अफ्रीकी अमेरिकी, पहली महिला बनीं, जिसने दक्षिण एशियाई और सैन-फ्रांसिस्को की जिला अटॉर्नी का पद सँभाला।[6]

> ***दिलचस्प बात यह है कि कमला बार परीक्षा के अपने पहले प्रयास में असफल हो गई। ऐसा नहीं है कि इसने उन्हें किसी भी तरह से निराश किया। आखिरकार वे मिशेल ओबामा और जॉन एफ. कैनेडी जूनियर जैसे अन्य प्रमुख लोगों के रैंक में शामिल हो गईं...***

कमला के कानून का अभ्यास करने के शुरुआती वर्षों के दौरान सबसे चर्चित मामलों में से एक था अमेरिकी वकील और अकादमिक अनीता फे हिल का अक्तूबर 1991 में वाशिंगटन में न्यायाधीश क्लेरेंस थॉमस के खिलाफ यौन उत्पीड़न का मामला। थॉमस, जो उस समय यूनाइटेड डिस्ट्रिक्ट ऑफ कोलंबिया सर्किट के लिए यूनाइटेड स्टेट्स कोर्ट ऑफ अपील्स में काम कर रहे थे। उस समय तत्कालीन राष्ट्रपति जॉर्ज डब्ल्यू. बुश ने संयुक्त राज्य के सर्वोच्च न्यायालय में नागरिक अधिकारों के प्रतीक

थर्गूड मार्शल, जिन्होंने हाल ही में अपनी सेवानिवृत्ति की घोषणा की थी, उनकी जगह पर कार्यभार सँभालने के लिए नामित किया था। हालाँकि थॉमस के नामांकन ने उनके अनुभव की कमी और रूढ़िवादी विचारों को लेकर आलोचना को आकर्षित किया, लेकिन सीनेट में पुष्टीकरण सुनवाई बिना किसी व्यवधान के आगे बढ़ी। तत्कालीन अमेरिकी सीनेटर जोसेफ बाइडेन इन सुनवाइयों के दौरान सीनेट न्यायपालिका समिति के अध्यक्ष थे।

यहाँ तक कि जब समिति ने नामांकन को मंजूरी देने से पहले चर्चा के अंतिम चरण में प्रवेश किया तो फेडरल ब्यूरो ऑफ इन्वेस्टिगेशन (एफ.बी.आई.) की लीक हुई रिपोर्ट ने यूनिवर्सिटी ऑफ ओक्लाहोमा लॉ स्कूल के प्रो. हिल के क्लेरेंस थॉमस के खिलाफ यौन शोषण के आरोपों को सामने प्रस्तुत किया।

यहाँ तक कि जब समिति ने नामांकन को मंजूरी देने से पहले चर्चा के अंतिम चरण में प्रवेश किया तो फेडरल ब्यूरो ऑफ इन्वेस्टिगेशन (एफ.बी.आई.) की लीक हुई रिपोर्ट ने यूनिवर्सिटी ऑफ ओक्लाहोमा लॉ स्कूल के प्रो. हिल के क्लेरेंस थॉमस के खिलाफ यौन शोषण के आरोपों को सामने प्रस्तुत किया। उसके बाद हुई टेलीविजन सुनवाई में हिल ने गवाही दी कि थॉमस ने उनका यौन शोषण किया था, जब वे शिक्षा विभाग में उनके सुपरवाइजर थे और बाद में समान रोजगार अवसर आयोग में उस पर डेट पर चलने के लिए दबाव डाला, भद्दी टिप्पणियाँ कीं और X-रेटेड फिल्मों के बारे में बात की। हालाँकि थॉमस ने आरोपों से इनकार किया, सीनेट न्यायपालिका समिति ने हिल द्वारा लगाए गए आरोपों को कम आँका और बाइडेन की समिति के अध्यक्ष के रूप में उनकी भूमिका के लिए आलोचना की गई थी, पहले सीनेटरों द्वारा निर्धारित वोट को तब तक

स्थगित नहीं करने के लिए जब तक उन पर ऐसा करने के लिए दबाव नहीं डाला गया। सामान्य तौर पर जिस तरह से आरोपों के बावजूद सुनवाई आयोजित की गई थी। आखिरकार, थॉमस के नामांकन की पुष्टि हो गई और उन्हें 23 अक्तूबर, 1991 को सुप्रीम कोर्ट के सहयोगी जज के रूप में शपथ दिलाई गई, जो महिला अधिकार कार्यकर्ताओं और उन लोगों के लिए बहुत निराशाजनक था, जिन्होंने थॉमस के नामांकन का विरोध किया था।[7] इस मामले और उसके परिणाम ने कमला जैसी युवा महिला वकीलों पर गहरा प्रभाव डाला, जो व्यवस्था के भीतर और बाहर लिंग-संबंधी हिंसा और पूर्वग्रहों को दूर करने में गहरी दिलचस्पी लेती थीं।

कमला का कॅरियर अपने अगले चरण में पहुँचा, जब उन्होंने 1992 में किशोर न्यायालय में काम करना शुरू किया।8 यह युवा वकील के लिए अच्छा सीखने का अनुभव साबित हुआ। इस नौकरी में कमला ने हिंसा, दुर्व्यवहार और यौन शोषण के कई मामलों को देखा। जिन मामलों पर उन्होंने काम किया, उनका उन पर बहुत प्रभाव पड़ा।

□

कमला का कॅरियर अपने अगले चरण में पहुँचा, जब उन्होंने 1992 में किशोर न्यायालय में काम करना शुरू किया।[8] यह युवा वकील के लिए अच्छा सीखने का अनुभव साबित हुआ। इस नौकरी में कमला ने हिंसा, दुर्व्यवहार और यौन शोषण के कई मामलों को देखा। जिन मामलों पर उन्होंने काम किया, उनका उन पर बहुत प्रभाव पड़ा। इस दौरान उन्होंने एक प्रमुख मुद्दे के निर्माण को भी देखा, जिस पर 2020 में संयुक्त राज्य अमेरिका के राष्ट्रपति चुनाव के दौरान गरमागरम बहस हुई थी—अफ्रीकी-अमेरिकी समुदाय और कानून प्रवर्तन के बीच तनाव तथा देश में अश्वेत नागरिकों की गिरफ्तारी और कारावास के मामलों की

संख्या में असमानता। 1990 के दशक में जब कमला ने कैलिफोर्निया के किशोर न्यायालय में काम करना शुरू किया तो वहाँ एक राजनीतिक संस्कृति पनपी, जो अपराध पर सख्त रुख अपनाने से खुश थी और इसका सबसे बुरा असर अश्वेत समुदाय पर हुआ। एक ओर देश भर में अपराधियों को पकड़ने के लिए समान कानून पारित किए जा रहे थे, कैलिफोर्निया ने कुछ सख्त उपायों को लागू करने पर सबका ध्यान आकर्षित किया। यहाँ 'तीन स्ट्राइक एंड यू आर आउट' नीति को व्यवहार में लाया गया, जिससे राज्य की जेल की आबादी में वृद्धि देखी गई। सभी संघर्षों को देखने के बाद कमला ने फैसला किया कि वह समुदाय में बदलाव लाने के लिए निर्वाचित कार्यालय पद के लिए चुनाव लड़ेंगी।

कमला अपने संस्मरण में लिखती हैं, 'जब मुझे अहसास हुआ कि मैं जिला अटॉर्नी के कार्यालय में काम करना चाहती हूँ—और मैं समझ गई थी कि मैं क्या करना चाहती हूँ—मैं अपने दोस्तों और परिवार के साथ निर्णय साझा करने के लिए उत्साहित थी। और मैं उन्हें संदेह में पाकर हैरान नहीं थी। मुझे अपनी थीसिस की तरह अपनी पसंद का बचाव करना था।'

कमला अपने संस्मरण में लिखती हैं, 'जब मुझे अहसास हुआ कि मैं जिला अटॉर्नी के कार्यालय में काम करना चाहती हूँ—और मैं समझ गई थी कि मैं क्या करना चाहती हूँ—मैं अपने दोस्तों और परिवार के साथ निर्णय साझा करने के लिए उत्साहित थी। और मैं उन्हें संदेह में पाकर हैरान नहीं थी। मुझे अपनी थीसिस की तरह अपनी पसंद का बचाव करना था।'

उनका परिवार जानता था कि उन्हें महिलाओं और बच्चों के

कल्याण के लिए काम करने के लिए प्रेरित किया गया था, उन लोगों के लिए न्याय के लिए लड़ने के लिए जिनके पास पर्याप्त प्रतिनिधित्व नहीं था और गूँगों की आवाज बनने के लिए, लेकिन निर्वाचित कार्यालय पूरी तरह से बिल्कुल अलग था। परिवार ने सोचा था कि वे एक वकील के रूप में व्यवस्था के बाहर से न्याय दिलाने में मदद करेंगी, लेकिन अब ऐसा लग रहा था कि वे अंदर और बाहर, हर जगह अपने तरीके से काम करना चाहती हैं।

□

4

कार्यप्रणाली

"जब मैं सुप्रीम कोर्ट से निकली तो सैकड़ों लोग जमा हुए, इंद्रधनुष के झंडे लहराते हुए, साइन बोर्ड पकड़े हुए, न्याय की उत्सुकता से प्रतीक्षा कर रहे थे। यह देखकर मुझे हँसी आ गई। उन्हें लगा कि मैं वकील क्यों बनी ? यह कठघरे में होता है, मुझे लगा कि आप उस जुनून को काररवाई तथा मिसाल और कानून में बदल सकते हैं।"

—**कमला हैरिस**, *द ट्रुथ्स वी होल्ड : एन अमेरिकन जर्नी*

अपने पूरे कॅरियर के दौरान कमला ने विभिन्न प्रमुख सामाजिक मुद्दों पर वकालत की है, जिन्होंने न केवल उनके सपनों और महत्त्वाकांक्षाओं को गति दी है, बल्कि उन्हें भी पहचान दिलाई, लेकिन साथ ही अनगिनत लोगों के जीवन को भी प्रभावित किया है।

वेलेंटाइन डे के सप्ताह के दौरान 2004 में गैविन न्यूजॉम, जो उस समय सैन फ्रांसिस्को के मेयर के रूप में कार्यरत थे, उन्होंने राज्य में समान-लिंग वाले जोड़ों के लिए विवाह की अनुमति देने का निर्णय लिया।[1] चार साल बाद कैलिफोर्निया के लोगों ने प्रस्ताव 8 के पक्ष में मतदान किया, जिससे कैलिफोर्निया में समलैंगिक विवाहों को प्रतिबंधित किया जाए और एक पूरे समुदाय को निराश तथा अधर में प्रतिस्पर्धी बना दिया। यह वही रात थी, जब बराक ओबामा 2008 में संयुक्त राज्य अमेरिका के राष्ट्रपति चुने गए थे। चूँकि यह एक संवैधानिक संशोधन था, कानून तत्काल प्रभाव से लागू हुआ—जिस क्षण से इस अधिनियमन की घोषणा की गई थी, उसके बीच कैलिफोर्निया राज्य में समान लिंग जोड़े में कोई विवाह समारोह नहीं हो सका। स्थिति विशेष रूप से उन जोड़ों के लिए कठिन बन गई थी, जो पहले से ही विवाहित थे। कानून में अब उनके मिलन को मान्यता प्राप्त नहीं थी और इसके प्रभाव से उनके इस तरह जीने का अब कोई मतलब नहीं रह गया था।

हालाँकि सबकुछ नहीं खोया था। संघीय अदालतों के दरवाजे अभी भी खटखटाए जा सकते थे। राजनीतिक रणनीतिकार चाड ग्रिफिन द्वारा

स्थापित और उस समय उनके नेतृत्व में 'अमेरिकन फाउंडेशन फॉर इक्वल राइट्स' ने फैसला किया कि समस्या का समाधान कैलिफोर्निया राज्य के खिलाफ मुकदमा लाने में है। फाउंडेशन का मामला उनके इस विचार पर आधारित था कि प्रस्ताव 8 ने अमेरिकी संविधान के चौदहवें संशोधन में सभी नागरिकों को दी गई सुरक्षा का अनादर किया है, जैसेकि कानून की नजर में समान सुरक्षा और उचित प्रक्रिया।

4 अगस्त, 2010 को फाउंडेशन की याचिका के पक्ष में फैसला सुनाते हुए मुख्य न्यायाधीश वॉन वॉकर ने निष्कर्ष निकाला कि प्रस्ताव 8 असंवैधानिक है। हालाँकि इस फैसले को केवल तब तक ही लागू किया जा सकता है, जब तक कि उच्च न्यायालय में अपील नहीं की जाती, इस तरह समान लिंग विवाह एक बार फिर कैलिफोर्निया में कानूनी रूप से जायज हो गया था।

4 अगस्त, 2010 को फाउंडेशन की याचिका के पक्ष में फैसला सुनाते हुए मुख्य न्यायाधीश वॉन वॉकर ने निष्कर्ष निकाला कि प्रस्ताव 8 असंवैधानिक है। हालाँकि इस फैसले को केवल तब तक ही लागू किया जा सकता है, जब तक कि उच्च न्यायालय में अपील नहीं की जाती, इस तरह समान लिंग विवाह एक बार फिर कैलिफोर्निया में कानूनी रूप से जायज हो गया था। 'जब फैसला आया तो मैं अटॉर्नी जनरल के लिए अपनी उम्मीदवारी के बीच में थी और यह जल्दी ही अभियान में एक केंद्रीय मुद्दा बन गया। कैलिफोर्निया के अटॉर्नी जनरल को फैसले के खिलाफ अपील करने का अधिकार था। जेरी ब्राउन, जिनके पद के लिए मैं चुनाव लड़ रही थी, उन्होंने अदालत में इस प्रस्ताव का बचाव करने से इनकार कर दिया था। कमला ने अपने संस्मरण में कहा, 'मैंने भी स्पष्ट कर दिया था कि मेरा

इरादा प्रस्ताव 8 का बचाव करने के लिए अटॉर्नी जनरल के कार्यालय के संसाधनों में से एक पैसा खर्च करने का नहीं है।" हालाँकि कमला के विरोधी ने इसके विपरीत सोचा। उन्होंने लिखा कि अब यह उन्हें स्पष्ट हो गया था कि यह 'सिर्फ सिद्धांत को लेकर नहीं था; यह व्यावहारिक परिणामों के बारे में था'। अगर इस फैसले के खिलाफ कोई अपील नहीं की गई तो समलैंगिक विवाह पर रोक हटाई जा सकती है और तत्काल प्रभाव से विवाह लाइसेंस फिर से जारी किए जा सकते हैं। लेकिन अगर कोई अपील होती है तो मामले को सुलझाने में और राज्य में समलैंगिक विवाह को फिर से वैध होने में सालों लग जाएँगे। बाद में 2010 में कमला कैलिफोर्निया की 32वीं अटॉर्नी जनरल बनीं। (आखिरकार उन्हें 3 जनवरी, 2011 को शपथ दिलाई गई।)

प्रस्ताव 8 पर सुनवाई बहुत तेजी से चल रही थी, क्योंकि इसकी बारीकियों पर बहुत गहराई से चर्चा की गई थी। 'जब मैं मौखिक दलीलें सुन रही थी, सुप्रीम कोर्ट के न्यायाधीश प्रतिष्ठा के मुद्दे पर ध्यान दे रहे थे। जस्टिस स्टीफन ब्रेयर ने सवाल किया कि क्या प्रस्ताव 8 के प्रस्तावक 'पाँच लोगों के समूह से अधिक नहीं थे, जो वास्तव में दृढ़ता से महसूस करते हैं'।

प्रस्ताव 8 पर सुनवाई बहुत तेजी से चल रही थी, क्योंकि इसकी बारीकियों पर बहुत गहराई से चर्चा की गई थी। 'जब मैं मौखिक दलीलें सुन रही थी, सुप्रीम कोर्ट के न्यायाधीश प्रतिष्ठा के मुद्दे पर ध्यान दे रहे थे। जस्टिस स्टीफन ब्रेयर ने सवाल किया कि क्या प्रस्ताव 8 के प्रस्तावक 'पाँच लोगों के समूह से अधिक नहीं थे, जो वास्तव में दृढ़ता से महसूस करते हैं'। जस्टिस सोनिया सोतोमयोर जानना चाहती थीं कि निचली अदालत के फैसले ने समर्थकों को 'कानून लागू करने के लिए हर दूसरे करदाता

से अलग' कैसे चोट पहुँचाई थी।' लेकिन जब तर्क समाप्त हो गए तो वास्तव में यह बताने का कोई तरीका नहीं था कि निर्णय क्या होगा। अंत में 26 जून, 2013 को सुप्रीम कोर्ट ने निचली अदालत के फैसले को मान्य करते हुए मामले को खारिज कर दिया। आखिरकार न्याय मिल ही गया। फैसले के कुछ घंटों के भीतर सुप्रीम कोर्ट के मामले में वादी क्रिस पेरी और सैंडी स्टियर ने अपनी शादी की घोषणा कर दी। वे सैन फ्रांसिस्को में शादी के बंधन में बँधनेवाले पहले समलैंगिक जोड़े थे और यह कमला हैरिस थी, जो कैलिफोर्निया की तत्कालीन अटॉर्नी जनरल थीं, जिन्होंने सैन फ्रांसिस्को सिटी हॉल में आयोजित उनके शादी समारोह में भाग लिया, इस अवसर पर सैकड़ों लोगों ने इस शादी को देखा और खुशी मनाई।

कमला हैरिस की जुझारु भावना उस समय से स्पष्ट थी, जब वे सैन फ्रांसिस्को की जिला अटॉर्नी चुनी गई थीं, इस पद पर वे सात साल तक यानी 2004 से 2011 तक रही थीं। लेकिन विवाद तब शुरू हुआ, जब 10 अप्रैल, 2004 को एक 29 वर्षीय पुलिस अधिकारी आइजैक एस्पिनोजा ने सुबह-सुबह दस्तक दी, जिस पर रात की शिफ्ट के दौरान बिना किसी स्पष्ट कारण के ए.के.-47 से लैस 21 वर्षीय डेविड हिल ने गोली मार दी थी।

□

कमला हैरिस की जुझारु भावना उस समय से स्पष्ट थी, जब वे सैन फ्रांसिस्को की जिला अटॉर्नी चुनी गई थीं, इस पद पर वे सात साल तक यानी 2004 से 2011 तक रही थीं। लेकिन विवाद तब शुरू हुआ, जब 10 अप्रैल, 2004 को एक 29 वर्षीय पुलिस अधिकारी आइजैक एस्पिनोजा ने सुबह-सुबह दस्तक दी, जिस पर रात की शिफ्ट के दौरान बिना किसी स्पष्ट कारण के ए.के.-47 से लैस 21 वर्षीय डेविड हिल ने गोली मार दी थी।

एस्पिनोजा को गिरोह युद्धों के लिए कुख्यात क्षेत्र—बेव्यू-हंटर्स पॉइंट जिला—में ड्यूटी सौंपी गई थी और अपनी शिफ्ट पूरी ही करनेवाला था कि जब उसने और उसके साथी ने एक युवक को संदिग्ध हालत में घूमते हुए देखा। अधिकारी उस आदमी से पूछताछ करने के लिए आगे बढ़े, लेकिन उसने एस्पिनोजा पर हमला कर दिया और उसे अचानक गोली मार दी। एस्पिनोजा ने बाद में दम तोड़ दिया।[2] अब उनकी पत्नी रेनाटा और तीन साल की बेटी इसाबेला रह गए थे।

हत्या से समुदाय में व्यापक आक्रोश फैल गया था। एस्पिनोजा की पत्नी सदमे में चली गई। पुलिस बिरादरी इस घटना से बहुत परेशान थी। उन्होंने 1973 में कैलिफोर्निया में पारित 'विशेष परिस्थितियों' कानून के अनुसार अपराधी के लिए मौत की सजा की माँग की, जिसने एक पुलिस अधिकारी के हत्यारे को मौत की सजा के लिए उत्तरदायी बनाया। अब घटना से कुछ महीने पहले ही शपथ लेने के बाद, जिला अटॉर्नी की नई टीम असमंजस में फँसी थी। जिला अटॉर्नी के पद के लिए प्रचार करते हुए, कमला ने यह स्पष्ट कर दिया था कि वह व्यक्तिगत और पेशेवर, दोनों तरह से मौत की सजा के खिलाफ हैं और वे अपनी बात से हटनेवाली नहीं थीं। सैन फ्रांसिस्को की जूरी को मौत की सजा देने से दूर रहने के लिए जाना जाता था, जिसने मामले को और जटिल बना दिया। इसके

हत्या से समुदाय में व्यापक आक्रोश फैल गया था। एस्पिनोजा की पत्नी सदमे में चली गई। पुलिस बिरादरी इस घटना से बहुत परेशान थी। उन्होंने 1973 में कैलिफोर्निया में पारित 'विशेष परिस्थितियों' कानून के अनुसार अपराधी के लिए मौत की सजा की माँग की, जिसने एक पुलिस अधिकारी के हत्यारे को मौत की सजा के लिए उत्तरदायी बनाया।

साथ यह भी तथ्य जोड़ा गया कि अपराधी केवल 21 वर्ष का था। लेकिन इस मामले में जिला अटॉर्नी कार्यालय इसके विरोध में था। कमला के इस रवैए से एस्पिनोजा का परिवार और पूरा पुलिस महकमा हैरान था। खासकर इसलिए, क्योंकि आरोपी डेविड हिल 10 साल की उम्र से बार-बार कानून को तोड़ रहा था। इस विवाद को और बढ़ावा इस बात ने दिया, जब कमला ने शुरू से ही यह स्पष्ट कर दिया था कि इस मुद्दे पर उनका रुख अटल रहेगा। एक प्रेस कॉन्फ्रेंस में इस मुद्दे को संबोधित करते हुए उन्होंने कहा, 'सैन फ्रांसिस्को में, मेरा मानना है कि अधिकांश लोगों की इच्छा है कि सबसे गंभीर अपराधों को सबसे गंभीर परिणामों के साथ पूरा किया जाना चाहिए। और पैरोल की संभावना के बिना वह जीवन गंभीर सजा है।' हालाँकि वह मीडिया को संबोधित करने और अपना रुख स्पष्ट करने में तत्पर थीं, कमला ने न तो यह जाँच की कि क्या आरोपी पर एक बड़े अपराध का आरोप लगाया जा सकता है और न ही उन्होंने एस्पिनोजा के अंतिम संस्कार तक प्रतीक्षा करने जैसा सहानुभूति रास्ता अपनाया। प्रेस कॉन्फ्रेंस में अपना बयान देने से पहले जनता की भावनाओं की अनदेखी करने के लिए उनकी आलोचना की गई थी। प्रेस कॉन्फ्रेंस के दौरान जिला अटॉर्नी के साथ खड़े सैन फ्रांसिस्को पुलिस ऑफिसर्स एसोसिएशन के अध्यक्ष गैरी डेलाग्नेस उनके बयान से पूरी तरह से स्तब्ध

"एक प्रेस कॉन्फ्रेंस में इस मुद्दे को संबोधित करते हुए उन्होंने कहा, 'सैन फ्रांसिस्को में, मेरा मानना है कि अधिकांश लोगों की इच्छा है कि सबसे गंभीर अपराधों को सबसे गंभीर परिणामों के साथ पूरा किया जाना चाहिए। और पैरोल की संभावना के बिना वह जीवन गंभीर सजा है।' हालाँकि वह मीडिया को संबोधित करने और अपना रुख स्पष्ट करने में तत्पर थीं"

थे। सालों बाद सी.एन.एन. फीचर में उन्होंने याद किया—'मैं वहाँ खड़ा हूँ और मैं जा रहा हूँ। हे भगवान्, अभी बच्चे का अंतिम संस्कार भी नहीं हुआ है।' आप अपने आप से सोच रहे हैं, 'ठीक है, क्या उसे खेद है कि इस बच्चे की मृत्यु हो गई या यह सिर्फ एक राजनीतिक अवसर है? क्या यह उनके लिए सिर्फ एक मौका है इस तथ्य को दोहराने का कि वह मौत की सजा पर विचार नहीं करने जा रही है?'[3]

आइजैक एस्पिनोजा के अंतिम संस्कार में सैकड़ों पुलिस अधिकारी, राज्य और शहर के अधिकारी शामिल हुए। सीनेटर डियान फेनस्टीन प्रार्थना करने के लिए मंच पर गईं। कमला का नाम लिये बिना, जो अंतिम संस्कार में मौजूद थीं, उन्होंने उनके अड़ियल रवैए की निंदा की। 'यह केवल त्रासदी की परिभाषा नहीं है, यह विशेष परिस्थिति है, जिसके लिए मृत्युदंड की माँग की गई थी।' उन्होंने कहा। उनके शब्दों के साथ उपस्थित सभी लोगों की तालियों की गड़गड़ाहट गूँज उठी।[4]

आइजैक एस्पिनोजा के अंतिम संस्कार में सैकड़ों पुलिस अधिकारी, राज्य और शहर के अधिकारी शामिल हुए। सीनेटर डियान फेनस्टीन प्रार्थना करने के लिए मंच पर गईं। कमला का नाम लिये बिना, जो अंतिम संस्कार में मौजूद थीं, उन्होंने उनके अड़ियल रवैए की निंदा की। 'यह केवल त्रासदी की परिभाषा नहीं है, यह विशेष परिस्थिति है, जिसके लिए मृत्युदंड की माँग की गई थी।'

हालाँकि कमला अपनी बात पर अड़ी रहीं। 23 अप्रैल को 'सैन फ्रांसिस्को क्रॉनिकल' में छपी एक राय में उन्होंने लिखा, 'जो लोग चाहते हैं कि इस प्रतिवादी को मौत के घाट उतार दिया जाए, मैं बस इतना कहना चाहूँगी कि सिद्धांत का कोई अपवाद नहीं हो सकता।' उन्होंने आगे कहा, 'मैंने सैन फ्रांसिस्को के लोगों को वचन दिया है कि मैं मौत की सजा का

विरोध करती हूँ और इस मामले से पैदा हुई उग्र भावनाओं के बावजूद मैं उस प्रतिबद्धता का सम्मान करूँगी। मैंने उन दलीलों को बहुत ध्यान से सुना और समझा है तथा मैं उस दर्द को समझती हूँ और साझा करती हूँ, जो उन्हें उकसाता है, लेकिन मैंने निर्णय ले लिया है और यही अंतिम निर्णय है। उसने जोर देते हुए कहा, 'जिला अटॉर्नी को न्याय करने का हक है, प्रतिशोध लेने का नहीं।'[5]

इस नाकामयाबी के बावजूद कमला का जिला अटॉर्नी के रूप में ट्रैक रिकॉर्ड शानदार था। उनके कार्यभार सँभालने से पहले राज्य में गुंडागर्दी की दर 50 प्रतिशत थी, लेकिन 2009 तक यह बढ़कर 76 प्रतिशत हो गई, जैसाकि 'सैन फ्रांसिस्को परीक्षक' द्वारा रिपोर्ट किया गया था।

यह मामला देश में, खासकर कैलिफोर्निया में चर्चा का विषय बना। तब से पुलिस और कमला के बीच एक ठंडा और तनावपूर्ण रिश्ता है। आज तक कमला मृत्युदंड के मुद्दे पर अपनी राय पर कायम हैं, जिस पर राष्ट्रपति की बहस के दौरान भी इसकी गवाही दी है।

इस नाकामयाबी के बावजूद कमला का जिला अटॉर्नी के रूप में ट्रैक रिकॉर्ड शानदार था। उनके कार्यभार सँभालने से पहले राज्य में गुंडागर्दी की दर 50 प्रतिशत थी, लेकिन 2009 तक यह बढ़कर 76 प्रतिशत हो गई, जैसाकि 'सैन फ्रांसिस्को परीक्षक' द्वारा रिपोर्ट किया गया था। ड्रग डीलरों की सजा भी 2003 में 56 प्रतिशत से बढ़कर 2006 में 74 प्रतिशत हो गई थी और हत्याओं के लिए सजा दर बढ़कर 85 प्रतिशत हो गई थी।

□

व्यावहारिक, स्पष्टवादी और दुस्साहसी, मजाकिया और उत्साही कमला अब तक अपने लिए एक मुकाम हासिल कर चुकी थीं। वे किसी

का भी मुकाबला कर सकती थीं और लोगों के लिए लड़ने से नहीं डरती थीं। वे किसी भी तरह के दबाव का सामना कर सकती थीं, लेकिन अपनी बात या सिद्धांतों से पीछे नहीं हटती थीं। हालाँकि उन्होंने शानदार चुनावी जीत हासिल की थी, पहले सैन फ्रांसिस्को के जिला अटॉर्नी के रूप में और फिर कैलिफोर्निया के अटॉर्नी जनरल के रूप में, लेकिन उनकी सबसे बड़ी उपलब्धि आवास संकट के दौरान बड़े बैंकों के साथ समझौता करना था—एक ऐसा मुद्दा, जिसने कैलिफोर्निया और कई अन्य राज्यों को त्रस्त कर दिया था। कमला बंधक दुरुपयोग के लिए आरोपित देश के पाँच प्रमुख बैंकों (बैंक ऑफ अमेरिका, जेपीमॉर्गन चेज, सिटी फाइनेंशियल जीएमएसी/एली फाइनेंशियल और वेल्स फारगो) के खिलाफ 49-राज्य के मुकदमे के निपटारे के हिस्से के रूप में कैलिफोर्निया वासियों के लिए ऋण राहत में अतिरिक्त 12 बिलियन डॉलर की बातचीत करने में सक्षम हुई थीं। यह एक ऐतिहासिक बंधक समझौता था, जिसने कैलिफोर्निया में 84,000 से अधिक परिवारों की मदद की। जीत की ऐतिहासिक सफलता ने कमला को राष्ट्रीय स्तर पर प्रसिद्धि दिलाई। 'न्यूयॉर्क टाइम्स' की रिपोर्ट के अनुसार—'अंत में बातचीत के शुरुआती दिनों में कैलिफोर्निया को जितना प्राप्त होना था, वे उससे कहीं अधिक ले गईं और जनवरी तक तथा अधिक प्राप्त हो गया था। कैमरों के चमकते

कमला बंधक दुरुपयोग के लिए आरोपित देश के पाँच प्रमुख बैंकों (बैंक ऑफ अमेरिका, जेपीमॉर्गन चेज, सिटी फाइनेंशियल जीएमएसी/ एली फाइनेंशियल और वेल्स फारगो) के खिलाफ 49-राज्य के मुकदमे के निपटारे के हिस्से के रूप में कैलिफोर्निया वासियों के लिए ऋण राहत में अतिरिक्त 12 बिलियन डॉलर की बातचीत करने में सक्षम हुई थीं।

फ्लेश लाइटों के बीच उन्होंने कहा कि कैलिफोर्निया के मकान मालिकों को कर्ज में 12 बिलियन डॉलर की कमी की गारंटी दी गई थी, जबकि अधिकांश अन्य राज्यों को केवल वादे मिले थे।'

कमला ने शुरू में मकान मालिकों को अवैध रूप से प्रतिबंधित करने के लिए बैंकों के साथ 25 बिलियन डॉलर का समझौता किया था। उन्होंने यह सुनिश्चित किया कि न केवल कागजी काररवाई की जाए, बल्कि फौजदारी के पीड़ितों से वे मिलीं और उन्हें आश्वस्त किया कि उनके अधिकारों की रक्षा की जा रही है। असेंबली और सीनेट के सदस्यों के साथ अथक रूप से काम करते हुए उन्होंने गृहस्वामी विधेयक के अधिकार का मसौदा तैयार किया, जोकि घर के मालिकों को उन प्रथाओं से बचाने के लिए था, जो उनके हितों के लिए हानिकारक थे, जैसेकि रोबो-हस्ताक्षर और दोहरी ट्रैकिंग। बिल में वित्तीय संस्थानों में घर के मालिकों को उनकी संपत्ति से संबंधित मामलों पर अधिक स्पष्टता प्राप्त करने के लिए एकल-बिंदु संपर्क का काम भी प्रदान किया। 'SFGate' के एक लेख ने उनके प्रयासों की सराहना करते हुए कहा, 'अटॉर्नी जनरल हैरिस ने एक बहुत जरूरी गृहस्वामी विधेयक अधिकारों की घोषणा की, जो बैंकों द्वारा भ्रामक प्रथाओं को रोकने और परिवारों को अपने घरों को रखने में मदद करने के लिए बनाए गए कानूनों का एक समूह है। यह हैरिस की चतुर

कमला ने शुरू में मकान मालिकों को अवैध रूप से प्रतिबंधित करने के लिए बैंकों के साथ 25 बिलियन डॉलर का समझौता किया था। उन्होंने यह सुनिश्चित किया कि न केवल कागजी काररवाई की जाए, बल्कि फौजदारी के पीड़ितों से वे मिलीं और उन्हें आश्वस्त किया कि उनके अधिकारों की रक्षा की जा रही है।

बातचीत की रणनीति के कुछ ही हफ्तों बाद आया, जब कैलिफोर्निया ने फौजदारी के दुरुपयोग पर बड़े बैंकों के साथ 26 बिलियन डॉलर के बहुराज्य समझौते का बड़ा हिस्सा जीता।'

अटॉर्नी जनरल के कैलिफोर्निया मॉनिटर प्रोग्राम की 2013 की एक रिपोर्ट के अनुसार, कैलिफोर्निया के मकानमालिकों को बंधक राहत में 18.4 बिलियन डॉलर प्राप्त हुए। फौजदारी से प्रभावित लोगों के अधिक मौद्रिक लाभ के लिए पहले के समझौते से बाहर निकलने के कमला के फैसले को पहले ज्यादा समर्थन नहीं मिला। हालाँकि अंत में उनका फैसला रंग लाया। 'SFGate' की रिपोर्ट के अनुसार, 'आखिरकार, उन्होंने एक सौदे पर समझौता किया, जो कैलिफोर्निया वासियों के लिए ऋण में 12 बिलियन डॉलर की कमी की गारंटी देता है, जिनके घर पानी के भीतर हैं, उन परिवारों को लगभग 2,000 डॉलर प्रदान करेंगे, जिनके घर ले लिए गए थे—वह भी बिना किसी कानूनी प्रक्रिया के।'[6]

अटॉर्नी जनरल के कैलिफोर्निया मॉनिटर प्रोग्राम की 2013 की एक रिपोर्ट के अनुसार, कैलिफोर्निया के मकानमालिकों को बंधक राहत में 18.4 बिलियन डॉलर प्राप्त हुए। फौजदारी से प्रभावित लोगों के अधिक मौद्रिक लाभ के लिए पहले के समझौते से बाहर निकलने के कमला के फैसले को पहले ज्यादा समर्थन नहीं मिला।

□

कमला को रोगों की रोकथाम के लिए, उनके काम और ड्रग्स के खिलाफ युद्ध पर उनके लगातार सख्त रुख के लिए भी सराहा गया है। अटॉर्नी जनरल के रूप में अपने कार्यकाल के दौरान उन्होंने ड्रग्स, बंदूक और मानव तस्करी में शामिल अंतरराष्ट्रीय गिरोहों के खिलाफ मुकदमा

चलाने को प्राथमिकता दी। कमला ने कैलिफोर्निया में मानव तस्करी के रुझान और कानून प्रवर्तन प्रतिक्रियाओं पर एक प्रेस बयान में कहा, 'मानव तस्करी उभरता खतरा है, क्योंकि आपराधिक संगठनों ने निर्धारित किया है कि यह कम जोखिम वाला, उच्च इनाम वाला अपराध है। हम यहाँ उस गणना को बदलने के लिए हैं। हमें दृढ़ संकल्प और सहयोग से मानव तस्करों की क्रूरता का मुकाबला करना चाहिए। कानून प्रवर्तन को हमारे राज्य में प्रशिक्षण, डेटा एकत्र करना और तस्करी के संचालन को बंद करना जारी रखना चाहिए।'

2014 में अटॉर्नी जनरल को बलात्कार किट प्रसंस्करण के लिए सम्मानित किया गया था, जिसमें उनके कार्यालय की रैपिड डीएनए सर्विस टीम को पीड़ित सेवाओं में व्यावसायिक नवाचार के लिए संयुक्त राज्य अमेरिका के न्याय विभाग के पुरस्कार से नवाजा गया था।

2014 में अटॉर्नी जनरल को बलात्कार किट प्रसंस्करण के लिए सम्मानित किया गया था, जिसमें उनके कार्यालय की रैपिड डीएनए सर्विस टीम को पीड़ित सेवाओं में व्यावसायिक नवाचार के लिए संयुक्त राज्य अमेरिका के न्याय विभाग के पुरस्कार से नवाजा गया था। 'इस मामले में एसोसिएटेड प्रेस ने बताया, राज्य के अटॉर्नी जनरल के कार्यालय को बलात्कार किटों के परीक्षण में तेजी लाने के लिए राष्ट्रीय मान्यता प्राप्त हो रही है, जिसमें नवाचारों का उपयोग करके कैलिफोर्निया के 58 काउंटियों में से आठ द्वारा अपनाया गया है।' रिपोर्ट से पता चला है कि 'राज्य के राज्य-कला कार्यक्रम स्वचालित डीएनए परीक्षण शुरू किया, जो काम किए जा सकनेवाले मामलों की संख्या को तीन गुना और प्रसंस्करण समय को घटाकर 15 दिन कर देता है। इस कार्यक्रम की मदद से राज्य द्वारा संचालित प्रयोगशालाओं में बलात्कार के 1,300 मामलों का निपटारा किया गया।'[7]

□

पर्यावरण संरक्षण में कमला के काम को भी व्यापक रूप से पहचाना गया है। ऐसे समय में जब सत्ता में बैठे कई लोग जलवायु परिवर्तन के अस्तित्व का खंडन करने में व्यस्त थे, इस मुद्दे पर उनका रुख एकदम स्पष्ट था।

सैन फ्रांसिस्को के जिला अटॉर्नी के रूप में उन्होंने 2005 में कार्यालय की पहली पर्यावरण न्याय इकाई बनाई और कैलिफोर्निया के अटॉर्नी जनरल के रूप में कार्य करते हुए उन्होंने पर्यावरण संरक्षण के लिए साहसिक कदम उठाकर तथा ऐसा करने के लिए कई कानूनों का मसौदा तैयार करके इस मुद्दे को आगे बढ़ाया। उनका विचार था कि कोई जवाबदेही नहीं होने के कारण पर्यावरण को नुकसान उठाना पड़ रहा है तथा इसे कानूनी और आपराधिक देनदारियों के माध्यम से बदलने की जरूरत है।

सैन फ्रांसिस्को के जिला अटॉर्नी के रूप में उन्होंने 2005 में कार्यालय की पहली पर्यावरण न्याय इकाई बनाई और कैलिफोर्निया के अटॉर्नी जनरल के रूप में कार्य करते हुए उन्होंने पर्यावरण संरक्षण के लिए साहसिक कदम उठाकर तथा ऐसा करने के लिए कई कानूनों का मसौदा तैयार करके इस मुद्दे को आगे बढ़ाया।

वर्षों से कमला पर्यावरण सुधारों और कानूनों को पेश करने या सह-प्रायोजित करने में शामिल रही हैं, जैसेकि इनवायरमेंटल जस्टिस फॉर ऑल अधिनियम, स्टॉप आर्कटिक ओशन ड्रिलिंग अधिनियम, क्लोज बिग ऑयल टैक्स लूपहोल्स अधिनियम, क्लाइमेट इक्विटी अधिनियम, कोस्ट एंटी-ड्रिलिंग अधिनियम, लिविंग शोरलाइन अधिनियम और जीरो-इमिशन वेहिकल अधिनियम। उन्होंने संयुक्त राज्य अमेरिका के

पूर्व राष्ट्रपति डोनाल्ड ट्रंप के 2017 में पेरिस समझौते से हटने के प्रयासों का विरोध करनेवाले प्रस्ताव पर भी काम किया। पर्यावरण और लोक निर्माण पर सीनेट समिति के सदस्य के रूप में कमला ने 1 जून, 2017 को एक बयान जारी कर चिंता व्यक्त की और उनके फैसले पर नाराजगी जताई। इसमें लिखा था—'हम सभी इस बात से सहमत हो सकते हैं कि सभी लोगों को स्वच्छ हवा में साँस लेना और सुरक्षित तथा स्वस्थ वातावरण में रहना चाहिए। 'पेरिस समझौते' को हटाना एक तर्कहीन निर्णय है, जो एक विनाशकारी कदम है, भविष्य की पीढ़ियों के लिए हमारे ग्रह की व्यवहार्यता को खतरा है और नेतृत्व की हमारी भूमिका पर प्रश्न करता है। संयुक्त राज्य अमेरिका का दायित्व है कि वह यहाँ देश और विदेश में सार्वजनिक स्वास्थ्य तथा सुरक्षा के लिए इस वैश्विक खतरे का मुकाबला करे। जैसाकि यह प्रशासन पीछे हटा है, मैं वैश्विक जलवायु परिवर्तन के खिलाफ लड़ाई का नेतृत्व करने के लिए कैलिफोर्निया के प्रयासों का समर्थन करने के लिए काम करना जारी रखूँगी।'

7 नवंबर, 2007 को लगभग 53,000 गैलन बंकर ईंधन खाड़ी में बिखर गया, जब एक कंटेनर जहाज एम/वी 'कोस्को बुसान' सैन फ्रांसिस्को-ओकलैंड बे ब्रिज से टकरा गया, जिससे क्षेत्र की वनस्पतियों और जीवों को गंभीर नुकसान हुआ। श्रमिकों ने वन्यजीवों को बचाने का प्रयास किया, लेकिन उनके प्रयासों के बावजूद मरनेवालों की संख्या बहुत अधिक थी।

7 नवंबर, 2007 को लगभग 53,000 गैलन बंकर ईंधन खाड़ी में बिखर गया, जब एक कंटेनर जहाज एम/वी 'कोस्को बुसान' सैन फ्रांसिस्को-ओकलैंड बे ब्रिज से टकरा गया, जिससे क्षेत्र की वनस्पतियों और जीवों को गंभीर नुकसान हुआ। श्रमिकों ने वन्यजीवों को बचाने का

प्रयास किया, लेकिन उनके प्रयासों के बावजूद मरनेवालों की संख्या बहुत अधिक थी। 'एस.एफ.गेट' की एक रिपोर्ट में कहा गया कि सरकारी रेगुलेटरों के अनुसार, अनुमानित 6,849 पक्षी और 14 से 29 प्रतिशत अंडे देनेवाली हेरिंग सर्दियों में मारे गए थे। कैलिफोर्निया राज्य, सैन फ्रांसिस्को के शहर और काउंटी तथा रिचमंड शहर के साथ न्याय विभाग ने रीगल स्टोन लिमिटेड और फ्लीट मैनेजमेंट लिमिटेड, एम/वी 'कॉस्को बुसान' के मालिकों और ऑपरेटरों के हरजाना चुकाने के लिए सहमति फरमान पर हस्ताक्षर किए। सितंबर 2011 में, कमला ने सैन फ्रांसिस्को खाड़ी की सफाई और बहाली के लिए 44.4 मिलियन डॉलर का समझौता किया। कमला ने एक संवाददाता सम्मेलन में कहा, 'यह खाड़ी सैन फ्रांसिस्को क्षेत्र का गहना है और 'कॉस्को बुसान' तेल रिसाव ने हमारे पानी, प्राकृतिक आवास और वन्य जीवन पर एक स्थायी दुष्प्रभाव छोड़ दिया है।' उन्होंने आगे कहा, 'यह समझौता इन सभी कीमती संसाधनों को उनकी मूल स्थिति और सुंदरता को बहाल करने की अनुमति देगा।'

सितंबर 2011 में, कमला ने सैन फ्रांसिस्को खाड़ी की सफाई और बहाली के लिए 44.4 मिलियन डॉलर का समझौता किया। कमला ने एक संवाददाता सम्मेलन में कहा, 'यह खाड़ी सैन फ्रांसिस्को क्षेत्र का गहना है और 'कॉस्को बुसान' तेल रिसाव ने हमारे पानी, प्राकृतिक आवास और वन्य जीवन पर एक स्थायी दुष्प्रभाव छोड़ दिया है।'

वर्ष 2015 और 2016 भी कमला के लिए पर्यावरण के मोर्चे पर काफी महत्त्वपूर्ण थे। 2015 में दुर्भाग्यपूर्ण रिफ्यूजियो तेल रिसाव के बाद कमला ने समुद्र तट का दौरा किया और संभावित आपराधिक उल्लंघनों की जाँच करने का आदेश दिया। विचाराधीन तेल रिसाव ने

कैलिफोर्निया के सांता बारबरा के तट पर लगभग कई गैलन कच्चा तेल जमा किया गया था। इस दौरान उन्होंने शेवरॉन, ब्रिटिश पेट्रोलियम, ए.आर.सी.ओ., फिलिप्स 66 और कोनोकोफिलिप्स जैसी ईंधन सेवा कंपनियों से कई मिलियन डॉलर के समझौते किए। कंपनियों पर अपने भूमिगत भंडारण टैंकों में खतरनाक सामग्रियों की सख्ती से निगरानी करने में विफल रहने का आरोप लगाया गया था, जोकि बड़ी संख्या में कैलिफोर्निया के गैस स्टेशनों पर खुदरा बिक्री के लिए ईंधन को स्टोर करने के लिए उपयोग किया जाता था। इस प्रकार आसपास के क्षेत्रों को गंभीर पर्यावरणीय क्षति होती थी। कमला द्वारा ऑटोमोबाइल दिग्गज वोक्सवैगन के साथ एक और बड़ा समझौता किया गया था, जिसे संघीय और कैलिफोर्निया रेगुलेटरों और 4,75,000 प्रदूषण फैलानेवाले डीजल वाहनों के मालिकों को 14.7 बिलियन डॉलर तक का भुगतान करना था। ये दावे 2009 और 2015 के बीच अपने डीजल ऑटोमोबाइल पर स्वीकृत उत्सर्जन मानकों को प्रदर्शित करने के लिए कंपनी के खराब उपकरणों के उपयोग से संबंधित थे, जबकि धाँधली वाले वाहन वास्तव में हानिकारक नाइट्रोजन ऑक्साइड की स्वीकृत सीमा से 40 गुना अधिक उत्सर्जन कर रहे थे। 'सैन फ्रांसिस्को क्रॉनिकल' की एक रिपोर्ट के अनुसार, 'सैन फ्रांसिस्को के अमेरिकी जिला न्यायाधीश चार्ल्स ब्रेयर द्वारा अनुमोदित समझौते

कंपनियों पर अपने भूमिगत भंडारण टैंकों में खतरनाक सामग्रियों की सख्ती से निगरानी करने में विफल रहने का आरोप लगाया गया था, जोकि बड़ी संख्या में कैलिफोर्निया के गैस स्टेशनों पर खुदरा बिक्री के लिए ईंधन को स्टोर करने के लिए उपयोग किया जाता था। इस प्रकार आसपास के क्षेत्रों को गंभीर पर्यावरणीय क्षति होती थी।

के तहत वी.डब्ल्यू. (वोक्सवैगन) अटॉर्नी जनरल कमला हैरिस के कार्यालय को कानूनी मामले में खर्च और उपभोक्ता संरक्षण एवं पर्यावरण कानून को लागू करने की लागत के लिए 76 मिलियन डॉलर का भुगतान करेगा।' यह भी जोड़ा गया कि 'शेष 10 मिलियन डॉलर ऑटो उत्सर्जन के स्वास्थ्य प्रभावों और उत्सर्जन प्रणालियों से जुड़े धोखाधड़ी उपकरणों का पता लगाने पर किए जानेवाले अध्ययन के लिए भी देगा। हैरिस के कार्यालय का कहना था कि 'यह एक ऑटोमेकर से राज्य द्वारा जीता गया सबसे बड़ा समझौता है।'

□

कमला हैरिस का यह दृढ़ मत रहा है कि समाज अपराध मुक्त तभी हो सकता है, जब सजा से ज्यादा पुनर्वास पर ध्यान केंद्रित करने का संकल्प लिया जाए; यानी कि छोटे और अहिंसक अपराधों में शामिल विशेष रूप से किशोर और वयस्क अपराधियों को जेल में डालने की जरूरत नहीं है"

कमला हैरिस का यह दृढ़ मत रहा है कि समाज अपराध मुक्त तभी हो सकता है, जब सजा से ज्यादा पुनर्वास पर ध्यान केंद्रित करने का संकल्प लिया जाए; यानी कि छोटे और अहिंसक अपराधों में शामिल विशेष रूप से किशोर और वयस्क अपराधियों को जेल में डालने की जरूरत नहीं है, लेकिन उन्हें जिम्मेदार नागरिक बनने के लिए निर्देशित किया जा सकता है; और उन्होंने निर्णायक काररवाई के साथ अपनी इस सोच का प्रदर्शन भी किया। सैन फ्रांसिस्को के जिला अटॉर्नी के रूप में 2005 में उनके द्वारा 'बैक ऑन ट्रैक' नामक सुधार कार्यक्रम शुरू किया गया, जिसकी काफी आलोचना की गई। इस कार्यक्रम के तहत 18 से 30 वर्ष की आयु के बीच पहली बार अहिंसक अपराधियों, ज्यादातर पहली बार गुंडागर्दी करनेवाले और निम्न स्तर के ड्रग विक्रेता, को नागरिक जीवन में वापस जाने और समाज में योगदान

करने का मौका दिया गया। ब्यूरो ऑफ जस्टिस के अनुसार, कार्यक्रम में नामांकित लोगों को ओरिएंटेशन अभिविन्यास सत्र में भाग लेने और छह सप्ताह के प्रोबेशनरी अवधि के लिए गहन सामुदायिक सेवा में भाग लेने की आवश्यकता होती है। केवल छह सप्ताह की सामुदायिक सेवा पूरी करनेवाले ही नामांकन के लिए पात्र थे। एक बार जब वे आरोपों के लिए दोषी ठहराए जाते और उनकी औपचारिक सजा स्थगित कर दी जाती तो वे व्यक्तिगत पर्सनल रेस्पॉन्सिबिलिटी प्लान (पी.आर.पी.) द्वारा निर्धारित लक्ष्यों के साथ 12 से 18 महीने का कठोर कार्यक्रम शुरू कर सकते थे। पी.आर.पी. के अनुसार रोजगार, शिक्षा, पालन-पोषण और बच्चे के समर्थन में ठोस उपलब्धियाँ अनिवार्य थीं और प्रतिभागियों को 220 घंटे तक सामुदायिक सेवा करने की आवश्यकता होती थी। इसके अलावा कार्यक्रम में भाग लेनेवाले प्रतिभागियों की बारीकी से निगरानी की जाती थी और उनकी प्रगति का मूल्यांकन किया जाता था। कार्यक्रम से ग्रैजुएट करनेवालों से उम्मीद की गई थी कि वे रोजगार खोज पाएँगे, स्कूल में पढ़ने के लिए नामांकन करेंगे, यदि आवश्यक हो तो ड्रग परीक्षण में सफल होंगे और अपने पी.आर.पी. की सभी शर्तों का पालन करेंगे। जब वे ग्रैजुएट हो जाते तो अदालत मूल मामले को खारिज कर देती और उन्हें क्लीन चिट दे देती।

ब्यूरो ऑफ जस्टिस के अनुसार, कार्यक्रम में नामांकित लोगों को ओरिएंटेशन अभिविन्यास सत्र में भाग लेने और छह सप्ताह के प्रोबेशनरी अवधि के लिए गहन सामुदायिक सेवा में भाग लेने की आवश्यकता होती है। केवल छह सप्ताह की सामुदायिक सेवा पूरी करनेवाले ही नामांकन के लिए पात्र थे।

कार्यक्रम के बारे में कमला ने 2010 में 'हफिंगटन पोस्ट' में एक रिपोर्ट में लिखा—'पुलिस और वकील ऐसे निम्न स्तर के ड्रग मामलों से घिरे हुए हैं और जनता इन अपराधियों को रखने के लिए जेलों पर अरबों रुपया खर्च करती है। हर साल जेलें इन हजारों अपराधियों को हमारे समुदायों में वापस भेज देती हैं। बस इतना किया जाता है कि उन्हें टिकट और हाथ में थोड़ी सी नकदी के साथ वापस भेज दिया जाता है। उनके पास कोई योजना नहीं है, कोई कौशल नहीं है, कहीं जाने की जगह नहीं है और कोई अन्य बदली हुई परिस्थितियाँ नहीं हैं। वे वहीं से शुरू करते हैं, जहाँ से वे पकड़े गए थे। रिहाई के तीन साल के भीतर कैलिफोर्निया के दस में से सात कैदी फिर से अपराध करेंगे और जेल लौट आएँगे।' उन्होंने यह भी कहा, 'इस दु:खद चक्र के दशकों के बाद हमारी जेलों में क्षमता से अधिक कैदी हैं और हमारा बजट बहुत बढ़ गया है। पूरे देश में नेता स्वीकार कर रहे हैं कि हम एक महत्त्वपूर्ण अवसर को हमेशा से खो रहे हैं। शायद आपराधिक न्याय प्रक्रिया में सबसे महत्त्वपूर्ण कदम सबसे अधिक बार अनदेखा किया जाता है—सजा और जेल की सजा के बाद कैदी के घर आने पर क्या होता है।'

पुलिस और वकील ऐसे निम्न स्तर के ड्रग मामलों से घिरे हुए हैं और जनता इन अपराधियों को रखने के लिए जेलों पर अरबों रुपया खर्च करती है। हर साल जेलें इन हजारों अपराधियों को हमारे समुदायों में वापस भेज देती हैं। बस इतना किया जाता है कि उन्हें टिकट और हाथ में थोड़ी सी नकदी के साथ वापस भेज दिया जाता है।

'बैक ऑन ट्रैक' कार्यक्रम ने इसकी प्रभावशीलता के लिए बहुत प्रशंसा प्राप्त की और न्याय विभाग द्वारा देश भर में पुन: प्रवेश कार्यक्रमों

के लिए एक मॉडल के रूप में स्वीकार किया गया। इससे करदाताओं के पैसे भी बच गए। कार्यक्रम में प्रत्येक प्रतिभागी के लिए खर्च की गई लागत लगभग 5,000 डॉलर थी, जो कैदी को उनकी परीक्षण अवधि के दौरान जेल में रखने के कुल खर्च के विपरीत काफी कम थी—मामले में फैसला सुनाने के 10,000 डॉलर और जेल में एक निम्नस्तर के अपराधी को रखने का खर्चा प्रतिवर्ष लगभग 50,000 डॉलर। कार्यक्रम को कैलिफोर्निया के अन्य काउंटियों में, और बाद में अटलांटा, ब्रूकलिन, डलास और कई अन्य शहरों में अपनाया गया था।

एक और मामला जो कमला के लिए गंभीर चिंता का कारण था, वह था अधूरेपन का। अटॉर्नी जनरल पद के लिए चुनाव लड़ते समय कमला ने सैन फ्रांसिस्को के कॉमनवेल्थ क्लब में इन शब्दों के साथ अपना भाषण शुरू किया था, 'मेरा मानना है कि बिना शिक्षा के बच्चे का बढ़ना अपराध के समान है।'

एक और मामला जो कमला के लिए गंभीर चिंता का कारण था, वह था अधूरेपन का। अटॉर्नी जनरल पद के लिए चुनाव लड़ते समय कमला ने सैन फ्रांसिस्को के कॉमनवेल्थ क्लब में इन शब्दों के साथ अपना भाषण शुरू किया था, 'मेरा मानना है कि बिना शिक्षा के बच्चे का बढ़ना अपराध के समान है।' अमेरिका में कई राज्यों में कामचोरी एक बड़ी समस्या थी और विशेष रूप से कैलिफोर्निया में। कमला अच्छी तरह से जानती थीं कि यह मुद्दा अपने आप हल नहीं होनेवाला है। उनके द्वारा तैयार की गई आधिकारिक रिपोर्टों में कमला ने उल्लेख किया कि अकेले सैन फ्रांसिस्को में 25 वर्ष से कम आयु के सभी हत्याकांडों में से 94 प्रतिशत हाई स्कूल की पढ़ाई करने वाले थे। इसके अलावा उन्होंने उद्धृत किया कि राष्ट्रीय स्तर पर एक अफ्रीकी-अमेरिकी व्यक्ति, जिसकी उम्र 30 से 34 वर्ष के बीच है

और हाई स्कूल ड्रॉपआउट है, उसके दो-तिहाई के भविष्य में जेल में होने, जेल में रहने या मृत होने की संभावना अधिक है।[8] इस पर विश्वास करते हुए कठोर कदम उठाने की जरूरत थी। कमला ने 2008 में एक कार्यक्रम शुरू किया, जिसने उन माता-पिता के लिए वित्तीय दंड 2,500 डॉलर तक बढ़ा दिया, जिनके बच्चों ने स्कूल के समय के कम-से-कम 10 प्रतिशत समय तक गायब रहे हैं और उन पर आपराधिक दुराचार तथा एक साल तक की जेल का दंड लगाया गया। इस कदम का उद्देश्य माता-पिता को लंबे समय से कामचोरी कर रहे बच्चों की निगरानी के लिए प्रेरित करना था। मोटे तौर पर कानून ने जो किया, वह यह था कि स्थानीय कानून प्रवर्तन अधिकारी के लिए एक मानकीकृत तरीका तैयार किया था कि बच्चे हर दिन स्कूल जा रहे हैं।

> ***कमला ने 2008 में एक कार्यक्रम शुरू किया, जिसने उन माता-पिता के लिए वित्तीय दंड 2,500 डॉलर तक बढ़ा दिया, जिनके बच्चों ने स्कूल के समय के कम-से-कम 10 प्रतिशत समय तक गायब रहे हैं और उन पर आपराधिक दुराचार तथा एक साल तक की जेल का दंड लगाया गया।***

माता-पिता के लिए जेल के खतरे को उनके विरोधियों द्वारा एक बड़ा कदम माना जाता था और कमला को असंगत माना गया, क्योंकि कामचोर बच्चों वाले परिवार आमतौर पर परेशान होते थे और उन्हें वित्तीय संकट का भी सामना करना पड़ता था।[9] दूसरी ओर, कार्यक्रम के समर्थकों ने उन आँकड़ों की ओर इशारा किया, जिन्होंने कार्यक्रम के कार्यान्वयन के बाद सैन फ्रांसिस्को में स्कूल में उपस्थिति दर बढ़ी दिखाई दी। बाद में 2011 में जब उन्होंने राज्य के अटॉर्नी जनरल के रूप में कामचोरी के खिलाफ अपनी लड़ाई जारी रखी तो कमला बच्चों के माता-पिता के लिए आपराधिक दंड में अपने विश्वास

पर अड़ी रहीं। उनका मानना था कि कामचोरी को रोकने के महत्त्वपूर्ण सकारात्मक परिणाम आए। स्कूलों में उत्पादक काम में लगे बच्चों के आपराधिक गिरोहों के लालच में आने या अपराध के जीवन में शामिल होने की संभावना कम थी।

सालों तक कमला के कामचोरी विरोधी उपायों से संबंधित विवाद कम ही नहीं हो रहा था, यहाँ तक कि उन्होंने इस योजना को लागू करने के कड़े तरीके पर खेद व्यक्त किया। उन्होंने कुछ माता-पिता के साथ हुए व्यवहार पर भी अपना दुःख व्यक्त किया, जो वास्तव में जेल में थे। 'मुझे खेद है कि मैंने अब ऐसी कहानियाँ सुनी हैं, जहाँ कुछ न्यायालयों में जिला वकीलों ने माता-पिता का अपराधीकरण किया है। मुझे खेद है कि ऐसा हुआ है।' अप्रैल 2019 में 'लॉस एंजिल्स टाइम्स' को उन्होंने बताया। और यह विचार कि जो कुछ भी मैंने किया, उसके कारण यह सब हो सकता था, क्योंकि वह निश्चित रूप से मेरा इरादा नहीं था—ऐसा इरादा कभी नहीं था।'

सालों तक कमला के कामचोरी विरोधी उपायों से संबंधित विवाद कम ही नहीं हो रहा था, यहाँ तक कि उन्होंने इस योजना को लागू करने के कड़े तरीके पर खेद व्यक्त किया। उन्होंने कुछ माता-पिता के साथ हुए व्यवहार पर भी अपना दुःख व्यक्त किया, जो वास्तव में जेल में थे।

पर्यवेक्षकों ने बताया है कि अपराध से निपटने के लिए कमला का दृष्टिकोण अपरंपरागत है। सदियों पुराने कानूनों और प्रथाओं का पालन करने के बजाय वे व्यावहारिक परिणामों के लिए प्रणाली को उन्नत करने के लिए काम कर रही हैं। वे सभी को एक सी सजा से परे सुधार और जेल के बाद के जीवन पर ध्यान लगा रही हैं। वे अपनी पुस्तक

'स्मार्ट ऑन क्राइम : ए कॅरियर प्रॉसिक्यूटर्स प्लान टू मेक अस सेफ' में शानदार ढंग से अपने दृष्टिकोण की व्याख्या करती हैं। 'समस्या यह है कि हम पिरामिड के शीर्ष पर बैठे अपराधियों का मुकाबला करने के लिए सबसे उपयुक्त उपकरणों का उपयोग कर रहे हैं और हम इसे पूरे अपराध पिरामिड पर उपयोग कर रहे हैं। अधिकांश अहिंसक अपराधी गलत सबक सीख रहे हैं और कई मामलों में, वे जेल में रहने के दौरान बेहतर और अधिक कठोर अपराधी बनते जा रहे हैं। यह अपराध पिरामिड को गिराने का समय है।' वे बताती हैं कि ये अपराधी अकसर नशीली दवाओं के दुरुपयोग के शिकार होते हैं और किसी भी व्यापार में शायद ही कभी कुशल होते हैं। जब उन्हें जेलों में रखा जाता है तो उन्हें जेल में आपराधिक गिरोहों की गिरफ्त में धकेल दिया जाता है और जेल में रहने के बाद उनके पास केवल बस का टिकट और कुछ पैसे बच जाते हैं। कमला अपनी किताब में बताती हैं कि अपराध से निपटने का यह तरीका उन्हें और अधिक अपराध करने की ओर ले जाता है। बजाय इसके, उन्होंने हमेशा जेल के अलावा अन्य विकल्प, 'बैक ऑन ट्रैक' जैसे सुधार कार्यक्रमों और अहिंसक अपराधों के लिए कम सजा पर अधिक जोर दिया है।

समस्या यह है कि हम पिरामिड के शीर्ष पर बैठे अपराधियों का मुकाबला करने के लिए सबसे उपयुक्त उपकरणों का उपयोग कर रहे हैं और हम इसे पूरे अपराध पिरामिड पर उपयोग कर रहे हैं। अधिकांश अहिंसक अपराधी गलत सबक सीख रहे हैं और कई मामलों में, वे जेल में रहने के दौरान बेहतर और अधिक कठोर अपराधी बनते जा रहे हैं।

□

5
राजनीति के प्रति रुचि

"मैं जो चाहती हूँ कि युवा महिलाओं और लड़कियों को पता चले, वह है—आप शक्तिशाली हैं और आपकी आवाज मायने रखती है… आप अपने जीवन और कॅरियर में कई ऐसी जगहों पर जाएँगी, जहाँ आप अकेले ही ऐसी होंगी, जो आपके जैसा दिखता होगा या जिसे वह अनुभव होगा, जो अनुभव आपके पास हैं। लेकिन आप याद रखें कि जब आप उन जगहों पर होती हैं तो आप अकेली नहीं होती। हम सब उस कमरे में होंगे, जो आपकी कामयाबी पर आप तालियाँ बजा रहे होंगे। आपकी आवाज की जयकार कर रहे होंगे और आप पर गर्व महसूस कर रहे हैं तो तुम उस आवाज का इस्तेमाल करो और मजबूत बनो।"

—**कमला हैरिस**, *मैरी क्लेयर के साथ एक साक्षात्कार में*

वर्ष 1994 में कमला का व्यक्तिगत और व्यावसायिक जीवन उच्च स्तर में बदल गया। जब कमला अल्मेडा काउंटी की डिप्टी डिस्ट्रिक्ट अटॉर्नी थीं तो उन्हें देश के सबसे शानदार राजनेताओं में से एक, कैलिफोर्निया राज्य विधानसभा अध्यक्ष विली ब्राउन से प्यार हो गया। वे उम्र में उनसे 30 साल बड़े थे और शादीशुदा थे। ब्राउन एक आत्मविश्वासी व्यक्ति थे। उन्होंने सैन फ्रांसिस्को के मेयर के रूप में दो बार पदभार सँभाला। 1877 से दक्षिणी संयुक्त राज्य में थोपे गए नस्लीय अलगाव को लागू करनेवाले कई स्थानीय और राज्य कानूनों से जूझते हुए 1950 में नागरिक अधिकार आंदोलन की शुरुआत तक राजनीति में ब्राउन का उदय एक कठिन लड़ाई थी। जब ब्राउन कमला को डेट कर रहे थे, तब भी उनकी शादी हो चुकी थी, वे 1981 से अपनी पत्नी से अलग रह रहे थे। उन्होंने अपना जीवन एक खुली किताब की तरह जिया, जिसमें किसी अन्य महिला को डेट करने को लेकर कोई बहाना नहीं बनाया। आखिरकार, जब कमला को यह साफ समझ आ गया कि ब्राउन कभी भी आधिकारिक तौर पर अपनी पत्नी से अलग नहीं होंगे तो वे लगभग दो साल तक जुड़े रहने के बाद 1995 में उनसे अलग हो गईं।

कमला ने तय किया कि वे अपने जटिल संबंध या ब्राउन के बारे में सार्वजनिक रूप से कोई बात नहीं करेंगी। 2003 में जब वे सैन फ्रांसिस्को के जिला अटॉर्नी के पद के लिए लड़ रही थीं, SFWeekly.com को उनके बारे में अपने दुर्लभ बयान में उन्होंने उन्हें 'अपने गले में

लटके हुए फंदे' के रूप में संदर्भित किया। रिपोर्ट में कहा गया, 'उनके पूर्व संपर्क का उल्लेख मात्र उनके कंधों को तनावग्रस्त कर देता है, उनके हाथ जकड़ जाते हैं और उनकी आँखें छोटी हो जाती हैं। मैं इनकार करती हूँ,' वे जोर देकर कहती हैं, 'जब मुझे कोई संदेह नहीं है कि मैं उससे अलग हूँ तो सिर्फ स्वतंत्र दिखने के लिए अपने अभियान को विली ब्राउन की आलोचना करने के इर्द-गिर्द डिजाइन क्यों करूँ—और वह शायद अभी इस तथ्य पर कुछ डर व्यक्त करेंगे कि वे मुझे नियंत्रित नहीं कर सके। उनका कॅरियर समाप्त हो गया है; मैं जीवित रहूँगी और अगले 40 वर्षों तक मैदान में रहूँगी। मुझ पर उनका कोई कर्ज नहीं है।'[1] दूसरी ओर, ब्राउन ने उस समय से जब वे कमला के साथ थे और उसके बाद के वर्षों में कमला के बारे में भद्दी टिप्पणी करने से कभी परहेज नहीं किया। 2019 में उन्होंने एक रेडियो शो में मजाक में कहा कि वे रिश्ते में उतने समर्पित नहीं थे, जितनी की वे थीं। उन्होंने अपने बयान के माध्यम से अपने रिश्ते में असंतुलन को भी स्वीकार किया, 'यह एक वास्तविक प्रेम-संबंध था। मुझे खुद से प्यार था और वह मुझसे प्यार करती थी।'[2]

यह भी सब जानते थे कि ब्राउन ने कमला के लिए उनके कॅरियर की शुरुआत में कुछ आयाम खोलने के लिए अपनी शक्ति का इस्तेमाल किया। हालाँकि एक बार जब उन दरवाजों को खोल दिया गया तो कमला ने हर कदम पर खुद को साबित करते हुए अपना रास्ता खुद बनाया।

यह भी सब जानते थे कि ब्राउन ने कमला के लिए उनके कॅरियर की शुरुआत में कुछ आयाम खोलने के लिए अपनी शक्ति का इस्तेमाल किया। हालाँकि एक बार जब उन दरवाजों को खोल दिया गया तो कमला ने हर कदम पर खुद को साबित करते हुए अपना रास्ता खुद

बनाया। 1994 में ब्राउन ने उन्हें बेरोजगारी बीमा अपील बोर्ड में नियुक्त किया, ऐसा राज्य बोर्ड' जो उन लोगों की अपील सुनने के लिए जवाबदेह था, जिन्हें बेरोजगारी लाभ प्रदान नहीं किया गया था और कमला ने नए पद के लिए अल्मेडा काउंटी के डिप्टी डिस्ट्रिक्ट अटॉर्नी के रूप में अपना पद प्रतिस्पर्धा दिया था। नवंबर 1994 के अंत में ब्राउन ने उन्हें एक अन्य अंशकालिक बोर्ड कैलिफोर्निया चिकित्सा सहायता आयोग में स्थानांतरित कर दिया, जो कैलिफोर्निया के चिकित्सा अनुबंधों को देखता है। यह कदम मीडिया की नजर से बच नहीं सका। नवंबर 1994 में उनके रिश्ते की सटीक प्रकृति पर भी अटकलें लगाते हुए, 'लॉस एंजिल्स टाइम्स' की एक रिपोर्ट में कहा गया था, 'भले ही उनकी स्पीकरशिप समाप्त हो रही हो, ब्राउन ने अपनी शक्ति का प्रयोग करते हुए कैलिफोर्निया मेडिकल असिस्टेंस कमीशन के लिए अटॉर्नी कमला हैरिस का नाम दिया, ऐसी नौकरी जो प्रतिवर्ष 72,000 डॉलर का भुगतान करती है।'[3] उनका रिश्ता खत्म होने के तीन साल बाद भी 1998 तक वे उसी पद पर बनी रहीं।

नवंबर 1994 में उनके रिश्ते की सटीक प्रकृति पर भी अटकलें लगाते हुए, 'लॉस एंजिल्स टाइम्स' की एक रिपोर्ट में कहा गया था, 'भले ही उनकी स्पीकरशिप समाप्त हो रही हो, ब्राउन ने अपनी शक्ति का प्रयोग करते हुए कैलिफोर्निया मेडिकल असिस्टेंस कमीशन के लिए अटॉर्नी कमला हैरिस का नाम दिया, ऐसी नौकरी जो प्रतिवर्ष 72,000 डॉलर का भुगतान करती है।'

ब्राउन, जो सैन फ्रांसिस्को के मेयर बने और पद सँभालनेवाले पहले अफ्रीकी अमेरिकी थे, कैलिफोर्निया की राजनीति पर अपने प्रभाव के बारे में सार्वजनिक रूप से बोलने से कभी नहीं कतराते थे। 'SFGate'

को दिए एक संक्षिप्त बयान में उन्होंने कहा, 'बिल्कुल, मैंने कमला हैरिस को डेट किया तो क्या?' उन्होंने उल्लेख किया कि उन्होंने निश्चित रूप से उनके कॅरियर को बनाने में मदद की थी, लेकिन उन्होंने 'हाउस स्पीकर नैन्सी पेलोसी, गवर्नर गेविन न्यूजॉम, सीनेटर डियान फेनस्टीन और कई अन्य राजनेताओं के कॅरियर को बनाने में भी मदद की। अंतर यह है कि हैरिस ही केवल एक ऐसी हैं, जिसने मेरी मदद करने के बाद यह लिखा कि मुझे दोषी पाया जाएगा, अगर मैं इतनी लापरवाही करूँगा, जबकि वे (सैन फ्रांसिस्को की) डी.ए. थीं।'

2004 के अंत में कमला शिकागो इलिनोइस के एक नए सीनेटर से मिली, जो धीरे-धीरे अपना नाम कमा रहा था, वह था बराक ओबामा। उनकी मुलाकात ने एक दोस्ती की शुरुआत को चिह्नित किया, जो वर्षों तक चलेगी। वास्तव में कमला को अकसर 'शुरुआती ओबामा समर्थक' और 'महिला ओबामा' के रूप में संदर्भित किया जाता था, खासकर 2009 में संयुक्त राज्य अमेरिका के राष्ट्रपति के पद पर उनके चुने जाने के बाद।

2004 के अंत में कमला शिकागो इलिनोइस के एक नए सीनेटर से मिली, जो धीरे-धीरे अपना नाम कमा रहा था, वह था बराक ओबामा। उनकी मुलाकात ने एक दोस्ती की शुरुआत को चिह्नित किया, जो वर्षों तक चलेगी। वास्तव में कमला को अकसर 'शुरुआती ओबामा समर्थक' और 'महिला ओबामा' के रूप में संदर्भित किया जाता था, खासकर 2009 में संयुक्त राज्य अमेरिका के राष्ट्रपति के पद पर उनके चुने जाने के बाद।

हालाँकि उस समय कई अश्वेत राजनेता थे, कमला और ओबामा

की तुलना अकसर एक-दूसरे से की जाती थी—कुछ स्पष्ट कारणों से। वे दोनों अश्वेत के हिस्सा थे, भाग नहीं; दोनों ने कानून की पढ़ाई की थी और दोनों ही डेमोक्रेटिक पार्टी के बदलते चेहरे को दरशाते थे। जैसे-जैसे साल बीतते गए, उनकी दोस्ती और एक-दूसरे के लिए पेशेवर प्रशंसा बढ़ती गई।

मार्च 2007 में, ओबामा ने कैलिफोर्निया में ओकलैंड में राष्ट्रपति पद के उम्मीदवार के रूप में अपनी पहली सार्वजनिक उपस्थिति दर्ज की। रैली इराक में युद्ध की शुरुआत की चौथी वर्षगाँठ की पूर्व संध्या पर आयोजित की गई थी और उपस्थित लोगों को संबोधित करते हुए, ओबामा ने युद्ध को समाप्त करने के लिए अपने आह्वान को दोहराया। कई दिग्गज अफ्रीकी अमेरिकी राजनेता, जिनमें ओकलैंड के मेयर रॉन डेलम्स, अमेरिकी प्रतिनिधि बारबरा ली और उस समय सैन फ्रांसिस्को की जिला अटॉर्नी कमला हैरिस ने रैली में भाग लिया।[4] अभियान के अंत तक ओबामा के लिए कमला का समर्थन अटल था। 4 नवंबर, 2008 की रात को वे शिकागो के ग्रांट पार्क में उनकी ऐतिहासिक जीत का जश्न मनाने के लिए इकट्ठा हुए हजारों लोगों में शामिल हुईं।

मार्च 2007 में, ओबामा ने कैलिफोर्निया में ओकलैंड में राष्ट्रपति पद के उम्मीदवार के रूप में अपनी पहली सार्वजनिक उपस्थिति दर्ज की। रैली इराक में युद्ध की शुरुआत की चौथी वर्षगाँठ की पूर्व संध्या पर आयोजित की गई थी और उपस्थित लोगों को संबोधित करते हुए, ओबामा ने युद्ध को समाप्त करने के लिए अपने आह्वान को दोहराया।

उन दोनों ने ओबामा के राष्ट्रपति पद पर रहने के दौरान एक साथ

मिलकर काम करना जारी रखा। 2013 में जब कमला कैलिफोर्निया के अटॉर्नी जनरल के रूप में कार्यरत थीं, सैन फ्रांसिस्को में डेमोक्रेटिक नेशनल कमेटी के लिए फंडरेजर को संबोधित करते हुए ओबामा ने उन्हें 'देश में सबसे अच्छे सुंदर दिखनेवाले अटॉर्नी जनरल' के रूप में संदर्भित किया था। इस टिप्पणी पर उन लोगों ने प्रतिक्रिया व्यक्त की, जिन्होंने इसे सेक्सिस्ट माना। जबकि ओबामा के शब्द थे—'आपको सावधान रहना होगा, सबसे पहले, यह कहें कि वे प्रतिभाशाली हैं, समर्पित हैं, सख्त हैं तथा वे वही हैं, जो आप किसी ऐसे व्यक्ति में चाहते हैं, जो कानून बना रहा हो और सुनिश्चित कर रही हैं कि सभी को समान अवसर मिलें। वे देश में अब तक की सबसे सुंदर दिखनेवाली अटॉर्नी जनरल भी हैं।' जब भीड़ में लोग हँसने लगे तो उन्होंने कहा, 'यह सच है! टब मान भी जाइए।' जबकि कुछ ने तर्क दिया कि उन्होंने इस टिप्पणी के साथ उनके काम के महत्त्व को कम कर दिया था, जबकि दूसरों ने कहा कि इसे गलत समझा गया था और बेवजह तूल दिया गया था। व्हाइट हाउस के प्रवक्ता जे कार्नी ने एक ब्रीफिंग में घटना के बारे में कहा, 'वे पुराने दोस्त और अच्छे दोस्त हैं और वे किसी भी तरह से अटॉर्नी जनरल की पेशेवर उपलब्धियों और उनकी क्षमताओं को कम नहीं करना चाहते थे।' राजनीतिक दुनिया और मीडिया इस मुद्दे पर बँटे हुए थे। 'ओबामा इन नीड ऑफ जेंडर-सेंसिटिविटी ट्रेनिंग' जैसे शीर्षकों वाले लेख लिखे जाने लगे। विवाद के बाद ओबामा ने तुरंत कमला को

2013 में जब कमला कैलिफोर्निया के अटॉर्नी जनरल के रूप में कार्यरत थीं, सैन फ्रांसिस्को में डेमोक्रेटिक नेशनल कमेटी के लिए फंडरेजर को संबोधित करते हुए ओबामा ने उन्हें 'देश में सबसे अच्छे सुंदर दिखनेवाले अटॉर्नी जनरल' के रूप में संदर्भित किया था।

माफी माँगने के लिए फोन किया, अगर उन्होंने उनका कोई नुकसान किया है और उनके बीच उत्कृष्ट संबंध बने रहे। यहाँ तक कि ओबामा ने बाइडेन-हैरिस अभियान को अटूट समर्थन दिया। उन्होंने सितंबर 2020 में जो बाइडेन के यू-ट्यूब चैनल के लिए उनका साक्षात्कार भी लिया, जिसमें उनसे बाइडेन और अभियान के दौरान उत्साहित रहने के रहस्य के बारे में पूछा। उन्होंने कमला से पूछा, 'यहाँ तक कि परिवार के समर्थन के बाद भी यह हरानेवाला हो सकता है। कोई विशेष तरीका?' जिस पर कमला ने जवाब दिया, 'मैंने कितनी भी नींद ली हो, लेकिन मैं हर सुबह कसरत करती हूँ। यह दिन की शुरुआत करने का सबसे अच्छा तरीका है। महामारी के दौरान मैं वेट ऑर्डर नहीं कर सकती थी, वे सभी बिक चुके थे, इसलिए मैंने पानी की बोतलों का इस्तेमाल किया।' उन्होंने अपनी प्रसिद्ध हँसी के साथ यह भी जोड़ा कि वे अपनी कसरत की प्लेलिस्ट के साथ झूम लेती हैं। 'आपको पता है, मुझे मेरी प्लेलिस्ट मिल गई है। मुझे मैरी जे ब्लिज पसंद हैं।'

'मैंने कितनी भी नींद ली हो, लेकिन मैं हर सुबह कसरत करती हूँ। यह दिन की शुरुआत करने का सबसे अच्छा तरीका है। महामारी के दौरान मैं वेट ऑर्डर नहीं कर सकती थी, वे सभी बिक चुके थे, इसलिए मैंने पानी की बोतलों का इस्तेमाल किया।' उन्होंने अपनी प्रसिद्ध हँसी के साथ यह भी जोड़ा कि वे अपनी कसरत की प्लेलिस्ट के साथ झूम लेती हैं। 'आपको पता है, मुझे मेरी प्लेलिस्ट मिल गई है। मुझे मैरी जे ब्लिज पसंद हैं।'

जो बाइडेन और कमला हैरिस भी लंबे समय से पेशेवर रूप से परिचित थे। जनवरी 2015 में अपनी सीनेट उम्मीदवारी की घोषणा के बाद से कमला समर्थन हासिल करने और धन जुटाने में व्यस्त थीं।

फरवरी 2016 में उपराष्ट्रपति जो बाइडेन और राष्ट्रपति बराक ओबामा दोनों के समर्थन से कमला ने सीनेट के आम चुनावों में कैलिफोर्निया डेमोक्रेटिक पार्टी का समर्थन हासिल किया। 2008 की राष्ट्रपति पद की प्रतिस्पर्धा में कमला के शुरुआती समर्थन को याद करते हुए ओबामा ने उनके ट्रैक रिकॉर्ड के बारे में कहा, 'मुझे संयुक्त राज्य सीनेट के लिए कमला हैरिस का समर्थन करने पर गर्व है, क्योंकि मैंने उनका काम देखा है, कमला कैलिफोर्निया राज्य के लोगों के लिए आजीवन अदालत में वकील हैं। यही वह दृष्टिकोण है, जिसे वे संयुक्त राज्य सीनेट में ले जाएँगी।' बाइडेन ने यह याद करते हुए अपना समर्थन दिखाया कि उनका उनके बेटे ब्यू के साथ बहुत अच्छे संबंध हैं, जिसने पूर्व में डेलावेयर के अटॉर्नी जनरल के रूप में कार्य किया था और एक साल पहले ब्रेन कैंसर से उनकी मृत्यु हो गई।

मुझे संयुक्त राज्य सीनेट के लिए कमला हैरिस का समर्थन करने पर गर्व है, क्योंकि मैंने उनका काम देखा है, कमला कैलिफोर्निया राज्य के लोगों के लिए आजीवन अदालत में वकील हैं। यही वह दृष्टिकोण है, जिसे वे संयुक्त राज्य सीनेट में ले जाएँगी।

बाइडेन ने कहा, 'मैंने उन्हें बड़े बैंकों का सामना करते, मेहनतकश लोगों की आवाज उठाते तथा महिलाओं और बच्चों को दुर्व्यवहार एवं हिंसा से बचाते हुए देखा है। आज की सीनेट को उनके जैसे लोगों की जरूरत है—ऐसे नेता, जो हमेशा बदलाव लाने के लिए लड़ेंगे और जो कभी नहीं भूलेंगे कि वे कहाँ से आते हैं। कमला ने कहा कि वे 'खुशकिस्मत' हैं कि उन्हें बाइडेन और ओबामा का समर्थन प्राप्त हुआ है।[5]

उस वर्ष डोनाल्ड ट्रंप के राष्ट्रपति चुनाव जीतने के साथ दुनिया ने एक अपरंपरागत राष्ट्रपति पद का अनुभव करने के लिए खुद को तैयार किया। कमला और ट्रंप का संबंध, अगर बहुत मजबूत या सकारात्मक

नहीं है तो 2011 में जाने की जरूरत है, पाँच साल पहले अपने दोस्त ओबामा से देश के राष्ट्रपति के रूप में पदभार ग्रहण करने से पहले। सितंबर 2011 में डोनाल्ड ट्रंप, जो तब एक नागरिक थे, उन्होंने कमला हैरिस के अभियान में दो बार दान दिया था, जब वे कैलिफोर्निया अटॉर्नी जनरल के लिए उम्मीदवार थीं। ट्रंप द्वारा हस्ताक्षरित एक हलफनामे के अनुसार, उन्होंने न्यूयॉर्क के तत्कालीन अटॉर्नी जनरल एरिक श्नाइडरमैन के अनुरोध पर 26 सितंबर, 2011 को 5,000 डॉलर का दान दिया था। इसके बाद उनकी बेटी इवांका द्वारा 20 फरवरी, 2013 को 1,000 डॉलर का एक और दान दिया गया।[6] USAToday.com की एक रिपोर्ट के अनुसार, 'हैरिस अभियान के प्रवक्ता इयान सैम्स (ने खुलासा किया) कि हैरिस ने ट्रंप द्वारा दान किए गए 6,000 डॉलर को एक गैर-लाभकारी संस्था को दान किए, जो मध्य अमेरिकियों के लिए नागरिक और मानवाधिकारों की वकालत करता है, लेकिन वह दान 2015 तक नहीं किया गया था, एक साल बाद जब उन्होंने अटॉर्नी जनरल के लिए फिर से चुनाव जीता और जब वे सीनेट के लिए अपनी उम्मीदवारी शुरू कर रही थीं।'[7] कैलिफोर्निया सहित कई राज्यों में व्यवसायों के साथ, ट्रंप के लिए खुद को राज्य के वकील के सामने अच्छी स्थिति में रखने के लिए यह उचित लगा। हालाँकि उनका दोस्ताना आनेवाले वर्षों में बदलने के लिए पूरी तरह तैयार था।

ट्रंप द्वारा हस्ताक्षरित एक हलफनामे के अनुसार, उन्होंने न्यूयॉर्क के तत्कालीन अटॉर्नी जनरल एरिक श्नाइडरमैन के अनुरोध पर 26 सितंबर, 2011 को 5,000 डॉलर का दान दिया था। इसके बाद उनकी बेटी इवांका द्वारा 20 फरवरी, 2013 को 1,000 डॉलर का एक और दान दिया गया।

□

6

गेम, सेट, मैच

“अपने चालीसवें वर्ष में एक एकल, पेशेवर महिला के रूप में और लोगों की नजरों में रहने के कारण डेटिंग करना मेरे लिए आसान नहीं था। मुझे पता था कि अगर मैं किसी कार्यक्रम में अपने साथ किसी आदमी को लाऊँगी तो लोग तुरंत हमारे रिश्ते के बारे में अटकलें लगाने लगेंगे। मैं यह भी जानती थी कि राजनीति में अविवाहित महिलाओं को अविवाहित पुरुषों की तुलना में अलग तरह से देखा जाता है। बात जब हमारे सामाजिक जीवन की आती है तो हमें वह छूट नहीं दी जाती है।”

—कमला हैरिस

द ट्रुथ्स वी होल्ड : एन अमेरिकन जर्नी

कमला, जो हमेशा अपने निजी जीवन को लेकर काफी सुरक्षात्मक रही हैं, उन्होंने डेटिंग को काफी चुनौतीपूर्ण और जटिल पाया। सत्ता में उनका पद संभवतः अधिकांश पुरुषों को भयभीत कर देता है। उन्हें कौन दोष दे सकता है? यह महिला कुछ कम नहीं, बल्कि पूरे कैलिफोर्निया राज्य के कानून प्रवर्तन को चला रही थी, इसलिए जब उन्होंने 2013 में आखिरकार एंटरटेनमेंट लिटिगेटर डगलस एम्हॉफ को डेट करना शुरू किया तो उन्होंने इसे छुपाकर रखा, ताकि दोनों मीडिया की पैनी निगाहों से दूर इस का वास्तविक आनंद ले सकें।[1]

डग के पास यूनिवर्सिटी ऑफ सदर्न कैलिफोर्निया गॉल्ड स्कूल ऑफ लॉ से ज्यूरिस डॉक्टर की डिग्री थी, उन्होंने लॉस एंजिल्स में काफी प्रतिष्ठा हासिल कर ली थी, जिसमें हॉलीवुड के कई उल्लेखनीय ग्राहकों के साथ उनकी क्लाइंट सूची में शामिल थे। वह और कमला पहली बार 2013 में क्रिसेट हडलिन, जो कमला की पुरानी दोस्त और निर्देशक, पटकथा लेखक और निर्माता रेजिनाल्ड हडलिन की पत्नी थीं, उनके द्वारा सेट की गई ब्लाइंड डेट पर मिले थे। हडलिन्स एम्हॉफ्स लॉ फर्म के क्लाइंट थे और क्रिसेट को कमला और डग को एक साथ जोड़ने का विचार लॉस एंजिल्स में उनके साथ एक व्यावसायिक बैठक के बाद आया था। अपने संस्मरण में कमला बताती हैं कि कैसे वे एक बैठक के बीच में थीं और क्रिसेट ने उन्हें फोन करना बंद नहीं किया। इस चिंता में कि कुछ हो गया होगा, वे जल्दी से फोन उठाने के लिए बाहर निकल गईं।

'क्या चल रहा है ? सब ठीक है ?' कॉल लगते ही कमला ने अपनी सहेली से पूछा।

'हाँ, सब बढ़िया है। तुम डेट पर जा रही हो ?'

'मैं ?'

'हाँ तुम। मैं अभी इस आदमी से मिली हूँ। वह प्यारा है और वह उसकी कानूनी फर्म का प्रबंध भागीदार हैं। मुझे लगता है कि वह तुम्हें वाकई पसंद आएगा।' हडलिन ने कहा।

जब वे लेकर्स गेम के बीच थे, तब डग ने कुछ दिनों बाद हैरिस को एक टेक्स्ट भेजा। हैरिस ने उनके मेसेज का उत्तर दिया। सुबह डग उन्हें कॉल करने के लिए आतुर हो रहे थे। अंत में उन्होंने अपने मन की बात सुनी और फोन मिला दिया। लेकिन कमला ने कॉल मिस कर दी और वह कॉल सीधे वॉयस मेल पर चली गई।

जब वे लेकर्स गेम के बीच थे, तब डग ने कुछ दिनों बाद हैरिस को एक टेक्स्ट भेजा। हैरिस ने उनके मेसेज का उत्तर दिया। सुबह डग उन्हें कॉल करने के लिए आतुर हो रहे थे। अंत में उन्होंने अपने मन की बात सुनी और फोन मिला दिया। लेकिन कमला ने कॉल मिस कर दी और वह कॉल सीधे वॉयस मेल पर चली गई। वॉयस मेल लंबा और उबारु था (जिसके बारे में उन्होंने दूसरे संदेश में सफाई दी) और कमला ने उन्हें वापस कॉल किया। कमला अब हर साल अपनी सालगिरह पर वॉयस मेल बजाती हैं। उन्होंने डग को बताया कि वे उस सप्ताहांत लॉस एंजिल्स आ रही हैं। उन्होंने मिलने का फैसला किया। डग याद करते हैं कि कैसे वे साउथ बेंड के पूर्व मेयर पीट बटिगिएग के पति चेस्टन बटिगिएग के साथ उनके शो 'चेस्टन चैट्स विद' के लिए एक यू-ट्यूब

साक्षात्कार के लिए आए थे, 'मैं एक वकील के रूप में सिर्फ एक प्रतिभागी था और फिर मैं कमला से एक ब्लाइंड डेट पर मिला था, जो प्रसिद्ध फिल्म-निर्माता रेजिनाल्ड हडलिन द्वारा निश्चित की गई थी।'[2]

डग कमला से डरे नहीं, शायद इसलिए कि वे दोनों वकील थे, हालाँकि उनके काम के क्षेत्र पूरी तरह से अलग थे। 'जब मैं उनसे मिला तो ऐसा लगा, जैसे एक और व्यस्त सफल वकील से मिल रहा हूँ, जो सैन फ्रांसिस्को में रहती है। वह उस समय समझौते के लिए बैंकों से लड़ रही थीं।' उन्होंने बटिगिएग को बताया।

> ***डग कमला से डरे नहीं, शायद इसलिए कि वे दोनों वकील थे, हालाँकि उनके काम के क्षेत्र पूरी तरह से अलग थे। 'जब मैं उनसे मिला तो ऐसा लगा, जैसे एक और व्यस्त सफल वकील से मिल रहा हूँ, जो सैन फ्रांसिस्को में रहती है। वह उस समय समझौते के लिए बैंकों से लड़ रही थीं।'***

कमला ने अपने संस्मरण में उल्लेख किया है कि उनकी पहली मुलाकात के बाद अगली सुबह डग ने बिना समय गँवाए दूसरी मुलाकात की व्यवस्था कर दी। 'मैं खेल खेलने या लुकाछिपी के लिए अब बड़ा हो गया हूँ। मैं तुम्हें वाकई पसंद करता हूँ और मैं देखना चाहता हूँ कि क्या हम इस रिश्ते को आगे ले जा सकते हैं?' ऐसा उन्होंने एक इ-मेल में कहा, जिसमें संयोग से अगले कुछ महीनों के लिए उनका शेड्यूल भी शामिल था, ताकि उनके लिए तारीखों की योजना बनाना आसान हो।[3] यह सच कि उन्होंने यहाँ-वहाँ की बात नहीं की और अपनी भावनाओं को व्यक्त करना उनके लिए फायदेमंद साबित हुआ। अपने शेड्यूल को इ-मेल करके तार्किक तौर से भी यह पता चलता है कि वे रिश्ते में अपना समय

निवेश करने के लिए तैयार थे। 'हमें प्यार होने लगा था और एक रिश्ता बना रहे थे। मैं एकल पिता था, इसलिए सप्ताहांत में मेरे बच्चे नहीं होंगे, मैं सैन फ्रांसिस्को आ सकता था।' उन्होंने बटिगिएग को बताया। 'इसे किस्मत कहें कि जिस लॉ फर्म में मैं काम कर रहा था, उन्होंने मुझे सैन फ्रांसिस्को कार्यालय खोलने के लिए कहा। यह बहुत अच्छा हुआ। अब मैं पूरा हफ्ता वहीं बिताऊँगा।'

उनका रिश्ता चुपचाप खिल उठा। उन्होंने अपने कुछ करीबी दोस्तों को भी तब तक अपने राज के बारे में जानने नहीं दिया, जब तक कि मामला गंभीर नहीं हो गया।

अपनी दूसरी मुलाकात के बाद डग उन्हें अपने किशोर बच्चों से मिलवाने के लिए उत्सुक थे। हालाँकि कमला भी उनसे मिलने की इच्छुक थीं, लेकिन उन्हें लगा कि यह बहुत जल्दी था। 'तलाकशुदा के बच्चे के रूप में मुझे पता था कि यह कितना कठिन हो सकता है, जब आपके माता-पिता दूसरे लोगों को डेट करना शुरू कर दें।

अपनी दूसरी मुलाकात के बाद डग उन्हें अपने किशोर बच्चों से मिलवाने के लिए उत्सुक थे। हालाँकि कमला भी उनसे मिलने की इच्छुक थीं, लेकिन उन्हें लगा कि यह बहुत जल्दी था। 'तलाकशुदा के बच्चे के रूप में मुझे पता था कि यह कितना कठिन हो सकता है, जब आपके माता-पिता दूसरे लोगों को डेट करना शुरू कर दें। और मैंने ठान लिया था कि मैं अपने आप को उनके जीवन का हिस्सा तब तक नहीं बनाऊँगी, जब तक कि डग और मैं यह निश्चित नहीं कर लेते कि हम संबंध में लंबे समय तक रहेंगे। बच्चों को स्थिरता की जरूरत होती है; मैं एक अस्थायी फिक्स्चर के रूप में खुद को उनके जीवन में शामिल

नहीं करना चाहती था, क्योंकि मैं उन्हें निराश नहीं करना चाहती थी। एक बच्चे को निराश करने से बुरा कुछ नहीं है।' उन्होंने 'एले' पत्रिका के लिए एक निबंध में लिखा था। 'इसलिए हम धीरे-धीरे आगे बढ़े।'[4]

तीसरी डेट के बाद चीजें और गंभीर होने लगीं तथा दोनों ने अपने रिश्ते को लेकर कुछ फैसले लिये। कमला अपने संस्मरण में लिखती हैं—'हम छह महीने के लिए एक-दूसरे के प्रति वचनबद्ध होने और उसके अंत में अपने रिश्ते का पुनर्मूल्यांकन करने के लिए सहमत हुए।' बस यही था। दो वयस्कों द्वारा किया गया एक वास्तविक निर्णय—एक, जिसकी कभी शादी नहीं हुई थी और दूसरा, जो लंबे समय तक शादीशुदा रहा था और उसके दो बच्चे थे। यहूदी मूल के डग एम्होफ 16 साल तक विवाहित रहे, जिसके बाद उन्होंने और उनकी पत्नी केर्स्टिन ने तलाक लिया। केर्स्टिन लॉस एंजिल्स में स्थित सफल प्रोडक्शन कंपनी प्रिटीबर्ड की संस्थापक और सी.ई.ओ. हैं और उन्होंने व्यक्तिगत रूप से एक समाचार और वृत्तचित्र एमी भी जीता है। उनके साथ दो बच्चे हैं—कोल और एला, जिनका नाम जैज किंवदंतियों, जॉन कोलट्रैन और एला फिट्जगेराल्ड के नाम पर रखा गया है।

तीसरी डेट के बाद चीजें और गंभीर होने लगीं तथा दोनों ने अपने रिश्ते को लेकर कुछ फैसले लिये। कमला अपने संस्मरण में लिखती हैं—'हम छह महीने के लिए एक-दूसरे के प्रति वचनबद्ध होने और उसके अंत में अपने रिश्ते का पुनर्मूल्यांकन करने के लिए सहमत हुए।' बस यही था।

उन छह महीनों में कमला आखिरकार बच्चों से मिलीं, हाथ में चॉकलेट चिप कुकीज का एक टिन लिये, जिस पर उन्होंने एक लाल रिबन से बो बाँधा था। 'आखिरकार जब वह दिन आया तो मेरे पेट में गुदगुदी हो

रही थी। 'एले' के लिए अपने निबंध में उन्होंने खुलासा किया कि बच्चों की पसंदीदा रील इन नामक पैसिफिक कोस्ट हाईवे पर एक सीफूड हट में जाने की योजना थी। सौदे को सील करने में बच्चे एक महत्त्वपूर्ण कारक थे। 'कोल और एला इससे अधिक स्वागत नहीं कर सकते थे। वे होशियार, प्रतिभाशाली, मजाकिया बच्चे हैं, जो वयस्क बन गए हैं। मैं पहले से ही डग के प्यार में थी, लेकिन मेरा मानना है कि यह कोल और एला थे, जिन्होंने मुझे प्रभावित किया।' उन्होंने लिखा। एक बार जब वे उसी उत्साह के साथ छह महीने की सीमा को पार कर गए तो उन्होंने डग को अपनी पेशेवर दुनिया में एक भाषण के लिए आमंत्रित किया, जिसमें वे कामचोरी के बारे में बोलने जा रही थीं।

उसके बाद लगभग एक साल तक डेट करना जारी रखा, जब डग ने उन्हें अपने अपार्टमेंट में प्रपोज किया। 'मार्च 2014 में, एम्होफ ने फ्लोरेंस में छुट्टी पर रहने के दौरान प्रपोज करने की योजना बनाई थी, लेकिन जब वह जल्दबाजी में पैकिंग कर रही थी तो उन्होंने सवाल किया और वे चर्चा कर रहे थे कि किस तरह का भोजन का ऑर्डर करना है। जब उन्होंने एम्हॉफ्स को देखा, 'मैं तुम्हारे साथ अपना जीवन बिताना चाहती हूँ', सिर्फ एक प्यारी टिप्पणी नहीं थी, बल्कि शादी के प्रस्ताव के लिए उनकी हामी थी, हैरिस फूट-फूटकर रो पड़ी।'' 'वाशिंगटन पोस्ट' में एक लेख से पता चलता है। बाकी तो इतिहास है।[5]

उसके बाद लगभग एक साल तक डेट करना जारी रखा, जब डग ने उन्हें अपने अपार्टमेंट में प्रपोज किया। 'मार्च 2014 में, एम्होफ ने फ्लोरेंस में छुट्टी पर रहने के दौरान प्रपोज करने की योजना बनाई थी, लेकिन जब वह जल्दबाजी में पैकिंग कर रही थी तो उन्होंने सवाल किया और वे चर्चा कर रहे थे कि किस तरह का भोजन का ऑर्डर करना है।

उनचास साल की कमला और डग पाँच महीने बाद 22 अगस्त, 2014 को सांता बारबरा काउंटी कोर्टहाउस में एक अंतरंग समारोह में शादी के बंधन में बँध गए। माया हैरिस ने विवाह का सारा काम सँभाला। कमला ने अपने संस्मरण में उल्लेख किया है कि उन्होंने अपने दूल्हे के गले में वरमाला डालने की भारतीय परंपरा का पालन किया, जबकि डग ने गिलास पर पाँव मारा, जैसाकि यहूदी शादियों में परंपरा है। कमला दुलहन भारत में अपने परिवार को नहीं भूली, क्योंकि उनके चाचा और चाची उनके विशेष दिन का हिस्सा बनने के लिए आए थे। उनकी एक मौसी, जो कनाडा में रहती हैं, वे भी शादी में शामिल हुईं। 'शादी हमारे परिवार, उनके परिवार और इसमें शामिल होनेवाले बहुत करीबी दोस्तों के साथ एक पारिवारिक मामला था। यह एक यहूदी समारोह के साथ-साथ मंगलसूत्र आदि के साथ एक भारतीय समारोह भी था।' कमला की चाची डॉ. सरला गोपालन ने Rediff.com को बताया। 'खाने में हमारे लिए शाकाहारी भोजन था, क्योंकि वे जानती थी कि हम केवल शाकाहारी भोजन करते हैं। हालाँकि उसे अपनी माँ की याद आ रही थी, हम दोनों मौसियाँ (चिट्टियाँ) वहाँ थीं। मेज पर लगे लेबल सरला चिट्ठी, सुभाष चिट्टप्पा आदि थे।'

कमला ने अपने संस्मरण में उल्लेख किया है कि उन्होंने अपने दूल्हे के गले में वरमाला डालने की भारतीय परंपरा का पालन किया, जबकि डग ने गिलास पर पाँव मारा, जैसाकि यहूदी शादियों में परंपरा है। कमला दुलहन भारत में अपने परिवार को नहीं भूली, क्योंकि उनके चाचा और चाची उनके विशेष दिन का हिस्सा बनने के लिए आए थे।

एक बार शादी की रस्में समाप्त होने के बाद जोड़े ने सैन फ्रांसिस्को में प्रेसिडियो ऑफिसर्स क्लब में अपने दोस्तों के लिए एक पार्टी रखी।

स्टेट बिल्डिंग एंड कंस्ट्रक्शन ट्रेड्स काउंसिल ऑफ कैलिफोर्निया के लिए काम करनेवाली एक दोस्त एरिन लेहेन ने कहा, 'वे वास्तव में बहुत खुश दिख रही थीं।' कमला और डग ने एक-दूसरे में जीवन भर के लिए अपना साथी ढूँढ़ लिया था।

डग के किशोर बच्चे अपनी सौतेली माँ से बहुत प्यार करते हैं। हालाँकि बच्चों को कभी नहीं लगा कि उन्हें कमला को सौतेली माँ बुलाना चाहिए और उन्होंने उन्हें 'मोमला' कहकर संबोधित करने का फैसला किया, एक प्यार भरा शब्द, जो उनके एक ट्विटर हैंडल पर दिख सकता है। उपराष्ट्रपति पद के लिए डेमोक्रेटिक उम्मीदवार नामित होने के बाद कमला ने कहा, 'मेरे कॅरियर में मुझे बहुत से खिताब मिले हैं और निश्चित रूप से 'उपराष्ट्रपति' सबसे बड़ा होगा। लेकिन 'मोमाला' वह खिताब होगा, जो सबसे ज्यादा मायने रखता है।' डग ने साक्षात्कार के दौरान बटिगिएग को यह भी बताया कि उनका एक बड़ा खुशहाल परिवार है, यह खुलासा किया कि उनकी पहली पत्नी केर्स्टिन अभी भी उनके जीवन का हिस्सा हैं और कमला के साथ उनके अच्छे संबंध हैं। जैसाकि कमला ने 'एले' निबंध में उल्लेख किया है, वे चार—कोल, एला, डग और वह—रविवार को रात के खाने पर पारिवारिक समय बिताने के लिए मिलते हैं। 'हम एक साथ आते हैं, हम सब टेबल के चारों ओर बैठते हैं और समय के साथ हम अपनी भूमिकाओं में फिट हो गए। कोल टेबल सेट करता है और क्या संगीत

डग के किशोर बच्चे अपनी सौतेली माँ से बहुत प्यार करते हैं। हालाँकि बच्चों को कभी नहीं लगा कि उन्हें कमला को सौतेली माँ बुलाना चाहिए और उन्होंने उन्हें 'मोमला' कहकर संबोधित करने का फैसला किया, एक प्यार भरा शब्द, जो उनके एक ट्विटर हैंडल पर दिख सकता है।

बजेगा, यह वही चुनता है। एला सुंदर मिठाइयाँ बनाती है, डग मेरे रसोइए के रूप में काम करता है और मैं खाना बनाती हूँ।'

उनकी शादी के वर्ष से लोग डग को हैरिस अभियान में सक्रिय रूप से भाग लेते हुए देख रहे थे। वे 2016 और 2019 के अभियानों के दौरान भी नियमित रूप से उपस्थित थे—उग्र प्रदर्शनकारियों को रोकने से लेकर अपनी पत्नी को थका देनेवाले दिनों के दौरान कंधा देने तक—उनका समर्थन अटूट था। कमला ने हाल ही में 'नाउ दिस' न्यूज को दिए एक इंटरव्यू में कहा, 'मैं अपने पति से प्यार करती हूँ। वे हँसमुख हैं। वे दयालु हैं। वे धैर्यवान हैं। उन्हें मेरा बनाया खाना बहुत पसंद है। वे वास्तव में एक महान् व्यक्ति हैं।'[6] वह डग था, जिसने जनवरी 2017 में सीनेटर के रूप में कमला के शपथ-ग्रहण समारोह में बाइबिल को पकड़ा था। जब कमला ने 2019 में राष्ट्रपति पद के लिए अपना नामांकन हटाया तो उन्होंने इस पर उनकी निराशा साझा की। उन्होंने एक साक्षात्कार में 'मैरी क्लेयर' को बताया, 'उन्होंने वह निर्णय लिया और वे जो भी फैसला लेतीं, मैं उनका समर्थन करता।' 'लेकिन मैं उनका राजनीतिक सलाहकार नहीं हूँ। मैं उनका पति हूँ, इसलिए मेरी भूमिका थी कि मैं उनके साथ रहूँ, उन्हें प्यार करूँ, उनका सहारा बनूँ, उनसे बात करूँ, उनकी मदद करूँ।'

उनकी शादी के वर्ष से लोग डग को हैरिस अभियान में सक्रिय रूप से भाग लेते हुए देख रहे थे। वे 2016 और 2019 के अभियानों के दौरान भी नियमित रूप से उपस्थित थे—उग्र प्रदर्शनकारियों को रोकने से लेकर अपनी पत्नी को थका देनेवाले दिनों के दौरान कंधा देने तक—उनका समर्थन अटूट था।

अगस्त 2020 में उपराष्ट्रपति अभियान में अपनी पत्नी का समर्थन करने के लिए डग ने अपनी कानूनी फर्म डी.एल.ए. पाइपर से छुट्टी ली, जहाँ उन्होंने एक वादी और भागीदार के रूप में काम किया।[7]

शपथ-ग्रहण समारोह के बाद डग आधिकारिक तौर पर 'पहले दूसरे जेंटलमैन' की उपाधि धारण करेंगे। पूरे अभियान के दौरान सक्रिय रूप से उनके साथ रहकर उन्होंने पहले ही अपनी पत्नी को अपार समर्थन दिया। चूँकि कमला व्हाइट हाउस में अब तक केवल पुरुषों द्वारा काबिज पद पर बैठने की तैयारी कर रही थीं, डग भी पहले महिलाओं द्वारा निभाई गई भूमिका के लिए तैयार हो रहे थे। शुरुआत के लिए नवंबर 2020 में, जैसेकि युगल ने व्हाइट हाउस में जाने की तैयारी की, डग ने अपनी नौकरी छोड़ दी। 'डग पहले पुरुष राजनीतिक जीवनसाथी नहीं हैं और फिर भी यह—अभी भी—देखना रोमांचकारी है कि एक आदमी अपनी पत्नी के लिए अपनी महत्त्वाकांक्षाओं पर विराम लगाता है,' 'गार्जियन' में हेडली फ्रीमैन द्वारा एक लेख में कहा गया है, जिसका शीर्षक 'मोर दैन ए सेकेंड जेंटलमैन : वाय डग एम्हॉफ इज कमला हैरिस खूफिया वेपन' है। 'एक राजनेता का अपने साथी के साथ संबंध दिखता है और यह राष्ट्रीय मनोदशा भी सेट करता है, ऐसा '60 के दशक के अमेरिका में कैनेडीज के बेहतरीन होने

शपथ-ग्रहण समारोह के बाद डग आधिकारिक तौर पर 'पहले दूसरे जेंटलमैन' की उपाधि धारण करेंगे। पूरे अभियान के दौरान सक्रिय रूप से उनके साथ रहकर उन्होंने पहले ही अपनी पत्नी को अपार समर्थन दिया। चूँकि कमला व्हाइट हाउस में अब तक केवल पुरुषों द्वारा काबिज पद पर बैठने की तैयारी कर रही थीं, डग भी पहले महिलाओं द्वारा निभाई गई भूमिका के लिए तैयार हो रहे थे।

के भ्रम से लेकर '90 के दशक के अंत में ब्रिटेन के ब्लेयर के बोल्शी आत्मविश्वास में दिखता है। हैरिस की शादी के साथ हम लिंग भूमिकाओं में नरमी देखते हैं और एक जोड़ा, जिसने शादी की, बच्चों या सामाजिक अपेक्षाओं के लिए नहीं, बल्कि इसलिए कि वे वास्तव में एक-दूसरे को चाहते हैं।'[8] वे पहले से ही सोशल मीडिया पर #DougHive नामक एक फैन बेस अर्जित कर चुके हैं।

जैसाकि डग ने 'मैरी क्लेयर' को दिए एक साक्षात्कार में इसे चतुराई से कहा, 'मैं राजनीतिक प्रेमी नहीं हूँ। मैं उनका प्रेमी पति हूँ।'

□

7

साहस, शिष्टाचार नहीं

"ऐसे लोग होंगे, जो आपसे कहते हैं, 'आप अपनी लकीर से बाहर हैं।' वे केवल वही देखने की क्षमता रखते हैं, जो हमेशा से होता आया है, बजाय इसके कि क्या हो सकता है। लेकिन आप उस बोझ को अपने ऊपर न लादें।"

—**कमला हैरिस**, *ब्लैक गर्ल्स लीड कॉन्फ्रेंस, 2020 में*

'पहली भारतीय अमेरिकी सीनेटर' का खिताब हासिल करना कमला के लिए आसान काम नहीं था। 2016 में संयुक्त राज्य सीनेट के चुनाव में उनके दावे को चुनौती देनेवाले कई प्रमुख विरोधी थे। इनमें लॉस एंजिल्स के पूर्व मेयर एंटोनियो विलाराइगोसा और लेफ्टिनेंट गवर्नर गेविन न्यूजॉम जैसे बड़े नाम शामिल थे। इनके अलावा लोरेटा सांचेज में एक कठिन प्रतिद्वंद्वी था, जो बिना लड़े हार नहीं मानता था। हालाँकि अंत में यह क्लीन स्वीप था। जैसाकि उसी समाचार रिपोर्ट ने निष्कर्ष निकाला, 'शुरुआत से, डेमोक्रेट हैरिस और ऑरेंज काउंटी प्रतिनिधि लोरेटा सांचेज के बीच सीनेट के चुनाव में इतिहास रचने की लहर थी। कैलिफोर्निया ने संयुक्त राज्य सीनेट के लिए पहले कभी भी किसी अश्वेत या लातीनी राजनेता को नहीं चुना था और हैरिस कांग्रेस के ऊपरी सदन में काम करनेवाली देश के इतिहास में केवल दूसरी अश्वेत महिला बन जाएँगी।'[1]

जब 3 जनवरी, 2017 को उपराष्ट्रपति जो बाइडेन ने कमला देवी हैरिस को कैलिफोर्निया की 45वीं सीनेटर के पद की शपथ दिलाई तो वे इस सबसे विशिष्ट पद पर काम करनेवाली दूसरी अश्वेत महिला और भारतीय मूल की पहली महिला बनीं। कमला हर तरह का काम करने के लिए तैयार होकर आई थीं। उनकी प्राथमिकता कैलिफोर्निया के लोगों की उनकी सर्वोत्तम क्षमताओं के साथ सेवा करना था और वे अपने साथ सार्वजनिक सेवा में सालों के अनुभव और प्रशासनिक जानकारी के साथ कार्यालय में प्रविष्ट हुईं। यह उपयोगी था, क्योंकि देश अपने इतिहास में

सबसे अधिक ध्रुवीकरण वाले राजनीतिक दौर से गुजर रहा था।

सभी उम्मीदों को ठेंगा दिखाते हुए नवंबर 2016 में तेज-तर्रार टाइकून डोनाल्ड जे. ट्रंप ने अपनी प्रतिद्वंद्वी हिलेरी क्लिंटन को उनके 227 वोटों के बदले में 304 चुनावी वोट और राज्यों में व्यापक जीत हासिल करके हराया था और संयुक्त राज्य अमेरिका के राष्ट्रपति चुने गए, हालाँकि क्लिंटन ने लोकप्रिय वोट 2.8 लाख से जीते थे। जब से उन्होंने पदभार ग्रहण किया, ट्रंप और रिपब्लिकन, जो अब सीनेट और प्रतिनिधि सभा को नियंत्रित कर रहे थे, उन्होंने ओबामा प्रशासन द्वारा इमिग्रेशन, करों, स्वास्थ्य बीमा और पर्यावरण जैसे महत्त्वपूर्ण मुद्दों पर की गई प्रगति को रोकते दिखाई दिए। डेमोक्रेट विरोध से ज्यादा कुछ नहीं कर सकते थे। माहौल उस समय किसी भी रचनात्मक नीति को शुरू करने या क्रियान्वित करने के लिए अनुकूल नहीं था।

मामलों को बदतर बनाने के लिए निवर्तमान ओबामा प्रशासन के अधिकारियों ने एक खुफिया रिसाव के बारे में गंभीर चिंताओं को साझा किया, जिसका अर्थ है कि ट्रंप की अभियान टीम और शायद राष्ट्रपति ने उन्हें स्वयं चुना था, हिलेरी क्लिंटन को हराने में मदद करने के लिए रूस के साथ साजिश रची होगी।

मामलों को बदतर बनाने के लिए निवर्तमान ओबामा प्रशासन के अधिकारियों ने एक खुफिया रिसाव के बारे में गंभीर चिंताओं को साझा किया, जिसका अर्थ है कि ट्रंप की अभियान टीम और शायद राष्ट्रपति ने उन्हें स्वयं चुना था, हिलेरी क्लिंटन को हराने में मदद करने के लिए रूस के साथ साजिश रची होगी। ओबामा-युग के व्हाइट हाउस के एक अधिकारी ने 'वाशिंगटन पोस्ट' को बताया कि राष्ट्रीय सुरक्षा सलाहकार माइकल फ्लिन, जिन्होंने ट्रंप

प्रशासन के तहत 22 दिनों तक काम किया, ने राष्ट्रपति के बदलने के दौरान संयुक्त राज्य में रूस के तत्कालीन राजदूत के साथ बात की थी। बाद में यह पता चला कि कई ऐसे लोग थे, जिन पर निवर्तमान प्रशासन द्वारा कड़ी निगरानी रखी जा रही थी और उनके कार्यों पर खुफिया रिपोर्ट नियमित रूप से व्हाइट हाउस को भेजी जा रही थी।[2]

यही वह समय था, जब डेमोक्रेट कमला हैरिस को उस समिति का हिस्सा बनाने के लिए लाए थे, जोकि जेफ सेशंस, रॉड रोसेनस्टीन और जॉन एफ केली सहित डोनाल्ड ट्रंप प्रशासन के शीर्ष अधिकारियों से पूछताछ करने के लिए बनाई गई थी। कई वर्षों में उन्होंने कानून का अध्ययन और अभ्यास किया तथा सार्वजनिक पद धारण किया, कमला को एक ऐसी महिला के रूप में जाना जाने लगा था, जो दृढ़ निर्णय लेने या कठिन प्रश्न पूछने से नहीं कतराती थीं।

यही वह समय था, जब डेमोक्रेट कमला हैरिस को उस समिति का हिस्सा बनाने के लिए लाए थे, जोकि जेफ सेशंस, रॉड रोसेनस्टीन और जॉन एफ केली सहित डोनाल्ड ट्रंप प्रशासन के शीर्ष अधिकारियों से पूछताछ करने के लिए बनाई गई थी।

इस बीच कमला को सीनेट डेमोक्रेटिक नेता चक शूमर द्वारा कई महत्त्वपूर्ण सीनेट समितियों में भी शामिल किया गया था, जिसमें एक ऐसी भी शामिल है, जो आमतौर पर नव-नियुक्त सीनेटरों के लिए नहीं थी—सीनेट सेलेक्ट कमेटी ऑन इंटेलिजेंस या सीनेट इंटेल कमेटी। कमला खुफिया कमेटियों, होमलैंड सिक्योरिटी विभाग, पर्यावरण और बजट में अपने कामों को करते हुए मुख्य प्रवक्ता बन गईं, जो ट्रंप के एजेंडे के मूल में मुद्दों के कई, यदि सभी नहीं तो डेमोक्रेटिक हल निकालने की कोशिश करती रहीं।

10 जनवरी, 2017 को होमलैंड सिक्योरिटी कमेटी द्वारा सेवानिवृत्त मरीन कॉर्प्स जनरल जॉन एफ केली के लिए एक पुष्टीकरण सुनवाई आयोजित की गई थी, जिसे ट्रंप द्वारा होमलैंड सिक्योरिटी के सचिव के सत्ताधारी कार्यालय के लिए नामित किया गया था। 2016 तक केली लैटिन अमेरिका और कैरिबियन में सभी अमेरिकी सैन्य अभियानों के साथ संयुक्त राज्य दक्षिणी कमान के प्रमुख थे। केली की नई नौकरी (जिसके लिए उन्हें अंततः 20 जनवरी, 2017 को पुष्टि दी गई थी) उन्हें सीमावर्ती राज्य कैलिफोर्निया और पूरे देश से संबंधित प्रमुख मुद्दों के लिए जिम्मेदार बना देगी।

10 जनवरी, 2017 को होमलैंड सिक्योरिटी कमेटी द्वारा सेवानिवृत्त मरीन कॉर्प्स जनरल जॉन एफ केली के लिए एक पुष्टीकरण सुनवाई आयोजित की गई थी, जिसे ट्रंप द्वारा होमलैंड सिक्योरिटी के सचिव के सत्ताधारी कार्यालय के लिए नामित किया गया था। 2016 तक केली लैटिन अमेरिका और कैरिबियन में सभी अमेरिकी सैन्य अभियानों के साथ संयुक्त राज्य दक्षिणी कमान के प्रमुख थे।

जैसे-जैसे सुनवाई आगे बढ़ी, जनरल के समर्थन की झड़ी के बीच कमला के सवालों की झड़ी वास्तविक और कठिन थी। केली पर दागे गए उनके प्रश्न इस बात से संबंधित थे कि क्या उन्होंने सीमा दीवार बनाने, हजारों लोगों को निर्वासित करने, प्रशासन के प्रवर्तन प्राधिकरण का विस्तार करने और राष्ट्रव्यापी निरोध कोशिकाओं की संख्या बढ़ाने के लिए ट्रंप की घोषित योजनाओं को पूरा करने की योजना बनाई थी। कैलिफोर्निया में इस तरह के मामलों का अत्यधिक महत्त्व था, जिसमें संयुक्त राज्य में किसी भी अन्य राज्य की तुलना में अधिक अप्रवासी हैं और जहाँ जन्म लेनेवाले बच्चों

में से कम-से-कम माता या पिता एक अप्रवासी है।[3]

कमला के लिए प्रमुख चिंता का विषय डिफर्ड एक्शन फॉर चाइल्डहुड अराइवल्स' (डी.ए.सी.ए.) कार्यक्रम था। वे बिना किसी देरी के इसके पीछे लग गईं। 2012 में ओबामा प्रशासन द्वारा गैर-दस्तावेजी युवाओं को निर्वासन से बचाने के लिए बनाया गया था, डी.ए.सी.ए. को एक ऐतिहासिक बिल के रूप में देखा गया था। इस नीति से उन युवाओं को सुरक्षा देने के बारे में सोचा गया था, जिन्हें ड्रीमर्स के रूप में जाना जाता है, जो अपने माता-पिता के साथ संयुक्त राज्य अमेरिका में अवैध रूप से बच्चों के रूप में प्रवेश करते हैं। हालाँकि इसने उन्हें आधिकारिक कानूनी दर्जा या नागरिकता का मार्ग नहीं दिया, लेकिन इसने उन्हें एक सम्मानजनक जीवन जीने की अनुमति दी, क्योंकि इसने उन्हें एक सामाजिक सुरक्षा नंबर, ड्राइविंग लाइसेंस और वर्क परमिट तक पहुँच प्रदान की। सत्ता में आने के बाद से ट्रंप प्रशासन ने बार-बार इस प्रोग्राम को समाप्त करने का प्रयास किया था।

कमला के लिए प्रमुख चिंता का विषय डिफर्ड एक्शन फॉर चाइल्डहुड अराइवल्स' (डी.ए.सी.ए.) कार्यक्रम था। वे बिना किसी देरी के इसके पीछे लग गईं। 2012 में ओबामा प्रशासन द्वारा गैर-दस्तावेजी युवाओं को निर्वासन से बचाने के लिए बनाया गया था, डी.ए.सी.ए. को एक ऐतिहासिक बिल के रूप में देखा गया था।

कैलिफोर्निया में देश में सबसे अधिक संख्या में ड्रीमर में से एक था और कमला स्पष्ट थी कि वे केली से जवाब चाहती थीं। अपने संस्मरण में उन्होंने अपने सवालों की झड़ी लगा दी—'देश भर में सैकड़ों-हजारों डी.ए.सी.ए. प्राप्तकर्ता इस समय डरे हुए हैं कि

यह आनेवाला प्रशासन उनके साथ और उनके अनधिकृत परिवार के सदस्यों के साथ क्या कर सकता है। ये युवा अब इस बात से चिंतित हैं कि उन्होंने हमारी सरकार को नेकनीयती से जो जानकारी प्रदान की है, उसका उपयोग उन्हें ट्रैक करने और उन्हें हटाने के लिए किया जा सकता है। क्या आप इस बात से सहमत हैं कि हम इस जानकारी का इस्तेमाल उनके खिलाफ नहीं करेंगे?'

सत्र के अंत तक केली ने डी.ए.सी.ए. का बचाव करने के लिए प्रतिबद्धता नहीं दिखाई। कांग्रेस के हिस्पैनिक कॉकस के 20 डेमोक्रेटिक सदस्यों ने केली पर एक निर्णय लेने के लिए दबाव डाला और उन्हें आश्वासन दिया कि वे प्रोग्राम को बनाए रखने में मदद करेंगे, लेकिन वे जिस उत्तर को चाह रहे थे, उसने वह कहने से इनकार कर दिया।

केली ने सवाल का सीधा जवाब देने से परहेज किया।

'क्या आप नीति को बनाए रखने के लिए तैयार हैं?' उसने जोर देकर कहा।

केली ने इस सवाल का भी कोई सीधा जवाब नहीं दिया।

सत्र के अंत तक केली ने डी.ए.सी.ए. का बचाव करने के लिए प्रतिबद्धता नहीं दिखाई।[4] कांग्रेस के हिस्पैनिक कॉकस के 20 डेमोक्रेटिक सदस्यों ने केली पर एक निर्णय लेने के लिए दबाव डाला और उन्हें आश्वासन दिया कि वे प्रोग्राम को बनाए रखने में मदद करेंगे, लेकिन वे जिस उत्तर को चाह रहे थे, उसने वह कहने से इनकार कर दिया। उन्होंने सांसदों को सूचित किया कि वे इस बात की गारंटी नहीं दे सकते कि उन्होंने जिस प्रशासन के लिए काम किया है, वह अदालत में इसका बचाव करेगा। उन्होंने यह भी कहा कि उन्होंने वकीलों से परामर्श किया था, जिन्होंने उन्हें बताया था कि प्रोग्राम कानूनी

चुनौती से नहीं बचेगा। उन्होंने कांग्रेस से एक विधायी समाधान खोजने का आग्रह किया और कई बार दोहराया, 'कांग्रेस को इसके बारे में कुछ करना चाहिए।'

केली से अपने सवाल में कमला विनम्र, लेकिन स्पष्ट थीं। उनका उद्देश्य अपने प्रश्नों के उत्तर प्राप्त करना था, जो उन्होंने किया। केली सीधे तौर पर जोर दिए बिना सुझाव दे रहे थे कि वे एक ऐसी नीति को नजरअंदाज करेंगे, जो ड्रीमर्स के निर्वासन पर जोर देगी। नौ दिन बाद कमला ने एक बयान जारी कर कहा कि वे केली के खिलाफ मतदान करेंगी, जिससे वे केली को अपना समर्थन नहीं देने के लिए 11 सीनेटरों में से एक बन गईं। 'मैं इस बात से बहुत चिंतित हूँ कि जनरल केली मुझसे यह वादा नहीं कर पाए हैं कि वे उन बच्चों से किए गए वादे का सम्मान करेंगे।' उन्होंने कहा। 'मैं इन बच्चों का सामना नहीं कर सकती और उन्हें कोई गारंटी नहीं दे सकती कि यह आदमी उन्हें निर्वासित नहीं करेगा। सच्चे और नैतिक कारणों से हमें इन बच्चों के लिए संयुक्त राज्य सरकार द्वारा किए गए वादे का सम्मान करना होगा।'[5]

केली से अपने सवाल में कमला विनम्र, लेकिन स्पष्ट थीं। उनका उद्देश्य अपने प्रश्नों के उत्तर प्राप्त करना था, जो उन्होंने किया। केली सीधे तौर पर जोर दिए बिना सुझाव दे रहे थे कि वे एक ऐसी नीति को नजरअंदाज करेंगे, जो ड्रीमर्स के निर्वासन पर जोर देगी।

□

अभी तक देश में नई सरकार को आए मुश्किल से कुछ महीने ही हुए थे, कमला ट्रंप प्रशासन के सबसे आक्रामक और प्रख्यात आलोचकों में से एक के रूप में उभरी थीं। वह तेजी से सीनेट में ट्रंप प्रशासन के डेमोक्रेटिक प्रतिरोध में नेता बन रही थीं और 2016 में चुनाव-रात्रि

भाषण में अपनी प्रतिज्ञा सुनाई। 'निराशा मत होओ। बहुत अधिक प्रसन्न भी नहीं होइए,' उन्होंने कहा, '(हम) उस समय अपने हाथ खड़े नहीं कर सकते हैं, जब हमें डटे रहना है और हम कौन हैं, इसके लिए लड़ने का समय है।' सीनेट के भीतर और बाहर उसे वाशिंगटन में एक नई राजनीतिक पीढ़ी के प्रतिनिधि के रूप में देखा जाने लगा था।

हाई-प्रोफाइल सुनवाई के दौरान प्रशिक्षित वकील कमला ने डिप्टी अटॉर्नी जनरल रॉड रोसेनस्टीन से स्पष्ट रूप से पूछा कि क्या वे विशेष वकील रॉबर्ट मुलर को अपनी जाँच के लिए न्याय विभाग से पूर्ण स्वतंत्रता देने के लिए पत्र पर हस्ताक्षर करेंगे, जिसका वही असर होगा, जो केंद्रीय खुफिया एजेंसी (सी.आई.ए.) अधिकारी वैलेरी प्लाम की पहचान के 2003 के लीक की जाँच के लिए तत्कालीन विशेष वकील पैट्रिक फिट्जगेराल्ड को जारी पत्र से हुआ था।

पाँच महीने बाद, जून 2017 में जब एफ.बी.आई. के निदेशक जेम्स कॉमी को बर्खास्त करने के ट्रंप के फैसले की जाँच के लिए सीनेट इंटेलिजेंस कमेटी को बुलाया गया था, तो कमला समिति के सदस्य के रूप में मौजूद थीं।

हाई-प्रोफाइल सुनवाई के दौरान प्रशिक्षित वकील कमला ने डिप्टी अटॉर्नी जनरल रॉड रोसेनस्टीन से स्पष्ट रूप से पूछा कि क्या वे विशेष वकील रॉबर्ट मुलर को अपनी जाँच के लिए न्याय विभाग से पूर्ण स्वतंत्रता देने के लिए पत्र पर हस्ताक्षर करेंगे, जिसका वही असर होगा, जो केंद्रीय खुफिया एजेंसी (सी.आई.ए.) अधिकारी वैलेरी प्लाम की पहचान के 2003 के लीक की जाँच के लिए तत्कालीन विशेष वकील पैट्रिक फिट्जगेराल्ड को जारी पत्र से हुआ था। जैसाकि उन्होंने हठपूर्वक उससे

सवाल किया, जवाब के लिए केवल 'हाँ' या 'नहीं' की माँग करते हुए समिति के अध्यक्ष रिचर्ड बूर ने उनकी बात काट दी और उन्हें 'विनम्र' नहीं होने के लिए फटकार लगाई। इस कदम ने कई लोगों को नाराज किया, जिन्होंने ट्विटर पर इस पर अपनी प्रतिक्रिया व्यक्त की और बताया कि जब महिलाएँ अपना काम अच्छी तरह से करती हैं तो उन्हें 'पागल' कहा जाता है।

जब कमला ने अपने सवाल को समझाने का प्रयास किया तो बूर ने उन्हें फिर बीच में रोक दिया। वहाँ समिति में अन्य डेमोक्रेट चुप रहे, लेकिन बूर ने जिस पर ध्यान नहीं दिया, वह था—टेलीविजन की सुनवाई लगभग तुरंत वायरल हो रही थी। दर्शकों और पर्यवेक्षकों के लिए बातचीत का यह सिसिला बूढ़े श्वेत पुरुष सीनेटर समिति की एकमात्र अश्वेत महिला कमला हैरिस को 'चुप' कराने के रूप में आया। जैसे ही यह ट्विटर पर और अंततः अन्य सोशल मीडिया प्लेटफॉर्म पर पहुँचा, डेमोक्रेट और रिपब्लिकन सीनेटरों के बीच तथा डेमोक्रेट्स और ट्रंप प्रशासन के बीच भी द्वेषपूर्ण मनमुटाव और बढ़ गया।[6]

> *जब कमला ने अपने सवाल को समझाने का प्रयास किया तो बूर ने उन्हें फिर बीच में रोक दिया। वहाँ समिति में अन्य डेमोक्रेट चुप रहे, लेकिन बूर ने जिस पर ध्यान नहीं दिया, वह था—टेलीविजन की सुनवाई लगभग तुरंत वायरल हो रही थी। दर्शकों और पर्यवेक्षकों के लिए बातचीत का यह सिसिला बूढ़े श्वेत पुरुष सीनेटर समिति की एकमात्र अश्वेत महिला कमला हैरिस को 'चुप' कराने के रूप में आया।*

घंटों बाद कमला और उनका स्टाफ अपने आक्रोश को कम करते हुए और इस प्रकरण पर जो लोगों का ध्यान आकर्षित हुआ है, उस पर

एक मीम के साथ आए—'साहस, शिष्टता नहीं'। मीम वायरल हो गया,[7] स्टिकर, मग और टी-शर्ट जैसे मर्चेंडाइज पर लगभग तुरंत बाद में दिखाई दिया। कमला ने ट्वीट किया, 'क्या आपने अपने 'साहस, शिष्टता नहीं' स्टिकर का ऑर्डर दिया है और अपने मित्रों और परिवार के लिए भी चाहते हैं तो इसे रिट्वीट (RT) करें।[8]

'हफिंगटन पोस्ट' में प्रकाशित लेख 'कमला हैरिस को चुप कराना नए नारीवाद नारे को जन्म दे रहा है' में कहा गया है, 'सीनेटर हैरिस ने फेसबुक पर अपने नए नारे की घोषणा की। वे अन्य महिला राजनेताओं के नेतृत्व का अनुसरण करती हैं, जिन्होंने फटकार को सशक्त बनानेवाले नारों में बदल दिया। हालाँकि आलोचक इन कदमों को मुहावरे को भुनाने के राजनीतिक प्रयास के रूप में देख रहे थे, लेकिन दूसरी ओर इन नारों का सामाजिक परिवर्तन पर कहीं अधिक गहरा प्रभाव पड़ रहा था।' लेख में हिलेरी क्लिंटन और सीनेटर एलिजाबेथ वारेन जैसी महिलाओं का राजनीति में प्रवृत्ति का भी उल्लेख किया गया है, जिन्होंने पुरुष राजनेताओं द्वारा कहे गए चोट पहुँचानेवाले शब्दों को अपने फायदे के लिए इस्तेमाल करना, यह दरशाता है कि वे बोलेंगी, चाहे

'हफिंगटन पोस्ट' में प्रकाशित लेख 'कमला हैरिस को चुप कराना नए नारीवाद नारे को जन्म दे रहा है' में कहा गया है, 'सीनेटर हैरिस ने फेसबुक पर अपने नए नारे की घोषणा की। वे अन्य महिला राजनेताओं के नेतृत्व का अनुसरण करती हैं, जिन्होंने फटकार को सशक्त बनानेवाले नारों में बदल दिया। हालाँकि आलोचक इन कदमों को मुहावरे को भुनाने के राजनीतिक प्रयास के रूप में देख रहे थे, लेकिन दूसरी ओर इन नारों का सामाजिक परिवर्तन पर कहीं अधिक गहरा प्रभाव पड़ रहा था।'

कुछ भी हो। जब 2016 के राष्ट्रपति पद की बहस के दौरान डोनाल्ड ट्रंप द्वारा क्लिंटन को एक 'बुरी महिला' के रूप में संदर्भित किया था तो उन्होंने इसे एक क्षमाप्रार्थी नारे में बदल दिया और 'बुरी महिला' उनके अभियान में एक वायरल नारा बन गया, जो एक शक्तिशाली महिला को दरशाता है, वे वह सब कहेंगी, जो उन्हें सही लगता है। इसी तरह 2017 में सीनेटर एलिजाबेथ वारेन को सीनेट बहुमत के नेता मिच मैककोनेल द्वारा हटा दिया गया था, क्योंकि वे सीनेट में जेफ सेशंस के नामांकन की खिलाफत कर रही थीं। 'उन्हें चेतावनी दी गई थी। उन्हें स्पष्टीकरण दिया गया था। फिर भी वह कायम रही,' मैककोनेल ने फटकार लगाई। उन्हें इस बात का अंदाजा नहीं था कि 'फिर भी वे कायम रहीं' पूरे अमेरिका में महिलाओं के लिए युद्ध का नारा बन जाएगा।

ये नारे महिलाओं को उन परिदृश्यों पर अपनी सत्ता वापस लेने में मदद करते हैं, जो उन्हें वंचित करना चाहते हैं। जब महिलाओं को फटकार और अशक्त बयानों के माध्यम से समाज में उनकी जगह की याद दिलाई जाती है तो इन बयानों के पुनर्विनियोग से महिलाओं को अपनी बात को नया रूप देने में मदद मिलती है।

'ये नारे महिलाओं को उन परिदृश्यों पर अपनी सत्ता वापस लेने में मदद करते हैं, जो उन्हें वंचित करना चाहते हैं। जब महिलाओं को फटकार और अशक्त बयानों के माध्यम से समाज में उनकी जगह की याद दिलाई जाती है तो इन बयानों के पुनर्विनियोग से महिलाओं को अपनी बात को नया रूप देने में मदद मिलती है।' लेख के अंत में यह निष्कर्ष निकाला गया।

छह दिन बाद कमला अपने सबसे ज्यादा प्रचलित पल के बारे में

बताएगी। 13 जून, 2017 को सीनेट इंटेल कमेटी के गवाह जेफ सेशंस थे। अलबामा के एक सीनेटर जो साल 2016 में डोनाल्ड ट्रंप के राष्ट्रपति पद के लिए एक मुखर समर्थक थे। बाद में उन्हें ट्रंप द्वारा संयुक्त राज्य के अटॉर्नी जनरल के रूप में काम करने के लिए नामित किया गया था। उनकी पुष्टि अत्यधिक विवादास्पद थी, आंशिक रूप से नस्लीय मुद्दों पर उनके पहले के रुख के कारण और आंशिक रूप से 2016 के राष्ट्रपति चुनाव अभियानों के दौरान ट्रंप सहयोगियों और रूसी अधिकारियों के बीच संभावित मिलीभगत की जाँच के कारण। मार्च 2017 में यह पता चला था कि सेशंस यह खुलासा करने में विफल रहे थे कि वे ट्रंप के राष्ट्रपति अभियान के दौरान रूसी राजदूत से दो बार मिले थे। हालाँकि अटॉर्नी जनरल के रूप में उन्होंने न्याय विभाग के नियमों का पालन किया और खुद को जाँच से अलग कर लिया था। मई में ट्रंप को पत्र लिखकर सेशंस ने सिफारिश की थी कि एफ.बी.आई. के निदेशक जेम्स कॉमी, जो जाँच की देखरेख कर रहे थे, उन्हें बर्खास्त कर दिया जाए, क्योंकि एफ.बी.आई. नेतृत्व को 'एक नई शुरुआत' की जरूरत है। राष्ट्रपति ने उसी दिन कॉमी को निकाल दिया। अगले महीने सेशंस ने सीनेट इंटेलिजेंस कमेटी के सामने गवाही दी और इस तरह के आरोपों को 'भयावह और घृणित' बताते हुए रूस के साथ मिलीभगत से इनकार कर दिया। इस समय तक लोग ट्रंप के राष्ट्रपति अभियान के दौरान, बाद में उनके और रूस के बीच संभावित संबंधों के बारे में

उनकी पुष्टि अत्यधिक विवादास्पद थी, आंशिक रूप से नस्लीय मुद्दों पर उनके पहले के रुख के कारण और आंशिक रूप से 2016 के राष्ट्रपति चुनाव अभियानों के दौरान ट्रंप सहयोगियों और रूसी अधिकारियों के बीच संभावित मिलीभगत की जाँच के कारण।

जानने के लिए उत्सुक हो गए थे। वे यह पता लगाने में जुट गए थे कि ट्रंप ने कॉमी को क्यों निकाला और जाँच को फिर से कराने के ट्रंप के क्या प्रयास हैं?

इस सुनवाई के दौरान भी कमला सीनेट की इंटेल कमेटी का हिस्सा थीं। ट्रंप प्रशासन के अधिकारियों से उनके लगातार सवाल ने उन्हें देश के राजनीतिक मंच पर एक उभरता सितारा बना दिया था। लेकिन एक हफ्ते में दूसरी बार उनके रिपब्लिकन सहयोगियों ने उन्हें सवाल करते हुए बीच में चुप करा दिया था।

इस सुनवाई के दौरान भी कमला सीनेट की इंटेल कमेटी का हिस्सा थीं। ट्रंप प्रशासन के अधिकारियों से उनके लगातार सवाल ने उन्हें देश के राजनीतिक मंच पर एक उभरता सितारा बना दिया था। लेकिन एक हफ्ते में दूसरी बार उनके रिपब्लिकन सहयोगियों ने उन्हें सवाल करते हुए बीच में चुप करा दिया था।

सुनवाई के दौरान सेशंस ने बार-बार रूसी संपर्कों के अपने गैर-प्रकटीकरण को न्याय विभाग की एक पुरानी नीति का हवाला देते हुए समझाया। हैरिस द्वारा नीति की उत्पत्ति के बारे में पूछे जाने पर उन्होंने इसके सिद्धांत पर चर्चा करना शुरू कर दिया।

हैरिस ने तुरंत कहा, 'सर, मैं आपसे सिद्धांत के बारे में नहीं पूछ रही हूँ। मैं पूछ रही हूँ कि जब आपको पता था कि आपसे ये सवाल पूछे जाएँगे और आप उस नीति पर बात करेंगे तो क्या आपने अपने कर्मचारियों से आपको वह नीति दिखाने के लिए नहीं कहा, जो आपके इनकार करने का आधार होगी?'

इस बिंदु पर एरिजोना के सीनेटर जॉन मैककेन ने हैरिस की बात काटते हुए कहा, 'अध्यक्ष, गवाह को प्रश्न का उत्तर देने की अनुमति दी जानी चाहिए।'

अपना सवाल पूरा करने के लिए हैरिस गई थीं कि समिति के अध्यक्ष रिचर्ड बूर ने कहा कि पैनल अध्यक्ष को अपनी बात कहने का मौका देगा।

'मुझे याद नहीं है,' उनसे पूछे गए अधिकांश प्रश्नों के लिए सेशंस की यही प्रतिक्रिया थी।

कमला लगातार सवाल पूछ रही थीं, हालाँकि उन्हें अकसर चुप रहने के लिए कहा जाता था।

कमला लगातार सवाल पूछ रही थीं, हालाँकि उन्हें अकसर चुप रहने के लिए कहा जाता था।
इस वार्तालाप के फौरन बाद हैरिस ने ट्वीट किया, 'यह एक आसान सा सवाल था। क्या सेशंस लिखित रूप में उस नीति के बारे में बता सकते हैं, जो उन्हें आज हमारे तमाम सवालों का जवाब नहीं देने की इजाजत देता है?'

इस वार्तालाप के फौरन बाद हैरिस ने ट्वीट किया, 'यह एक आसान सा सवाल था। क्या सेशंस लिखित रूप में उस नीति के बारे में बता सकते हैं, जो उन्हें आज हमारे तमाम सवालों का जवाब नहीं देने की इजाजत देता है?'[9]

बाद में रिपब्लिकन सीनेटरों और रूढ़िवादी टिप्पणीकारों ने कमला पर अपमानजनक होने का आरोप लगाते हुए कहा कि वे सीनेट के निर्देशों का पालन करने में विफल रही हैं। यह स्पष्ट था कि पुराने वाशिंगटन अधिकारी, विशेष रूप से ऐसे पुरुष, जो आसपास मजबूत महिला राजनेताओं के अभ्यस्त नहीं थे, उन्हें उनके दुस्साहस और हठधर्मिता से निपटने में परेशानी हो रही थी, लेकिन जो लोग उन्हें कैलिफोर्निया से जानते थे, उन्हें इसमें कोई संदेह नहीं था कि यह उनका तरीका था।[10]

जून 2017 की सुनवाई के बाद कमला देश के सबसे चर्चित राजनेताओं में से एक बन गईं। न केवल रिपब्लिकन उनकी शैली की आलोचना कर रहे थे, बल्कि उसके कुछ साथी डेमोक्रेट और होमलैंड सुरक्षा अधिकारी भी उस पर नाराज हो रहे थे, क्योंकि उन्हें लग रहा था कि वह सीनेट में लंबे समय तक रहकर राष्ट्रपति पद के लिए खड़े होने के लिए आवश्यक प्रमाण-पत्र प्राप्त करने के लिए लंबा खेल खेल रही थीं। सच यही है कि वह इस पर काम करते हुए राष्ट्र का ध्यान आकर्षित कर रही थी, जो उनके पक्ष में काम कर गया।

यह केवल आंतरिक दृश्य नहीं था, बल्कि 'न्यूयॉर्कर' जैसे लोकप्रिय मीडिया स्पेस ने भी इसका समर्थन किया था। सीनेटर और अटॉर्नी जनरल के रूप में कमला के अनुभव के बावजूद वे मुख्य रूप से सीनेट ज्यूडिशियरी कमेटी में अपने प्रदर्शन के वायरल क्लिप के माध्यम से, जिसमें वे जज ब्रेट कवानुघ, अटॉर्नी जनरल विलियम बार और सीनेटर जेफ सेशंस सहित कई लोगों से प्रश्न कर रही हैं, अमेरिकी जनता को दिखाई दे रही थीं। यह और अधिक स्पष्ट होता जा रहा था कि कमला को प्रदर्शन करने की अपनी क्षमताओं पर भरोसा था और उनमें वरीयता की कमी के कारण न रुकने का दुर्लभ गुण था। एक बार जब उनसे

यह केवल आंतरिक दृश्य नहीं था, बल्कि 'न्यूयॉर्कर' जैसे लोकप्रिय मीडिया स्पेस ने भी इसका समर्थन किया था। सीनेटर और अटॉर्नी जनरल के रूप में कमला के अनुभव के बावजूद वे मुख्य रूप से सीनेट ज्यूडिशियरी कमेटी में अपने प्रदर्शन के वायरल क्लिप के माध्यम से, जिसमें वे जज ब्रेट कवानुघ, अटॉर्नी जनरल विलियम बार और सीनेटर जेफ सेशंस सहित कई लोगों से प्रश्न कर रही हैं, अमेरिकी जनता को दिखाई दे रही थीं।

पूछा गया कि क्या अमेरिकियों में लिंग के आधार पर राष्ट्रपति पद के उम्मीदवारों के लिए अलग-अलग मानदंड हैं तो उन्होंने कहा, 'बात यह है कि मैं जिस भी कार्यालय के लिए चुनाव में खड़ी हुई हूँ, मैं जीतनेवाली पहली महिला थी। पहली अश्वेत व्यक्ति। पहली महिला। पहली अश्वेत महिला। हर बार।'[11]

उनके इर्द-गिर्द जो बातें हो रही थीं, वे काफी शक्तिशाली थीं और 2020 में राष्ट्रपति चुनाव के लिए उनके नामांकन के बारे में व्यापक मीडिया अटकलें उनकी नजर से बच नहीं पाईं। 'न्यूयॉर्कर' ने मजाकिया अंदाज में कहा कि ट्रंप ने उन्हें टेलीविजन स्क्रीन के भीतर से 'बुरा' कहा, यह व्यावहारिक रूप से गलत था।[12]

मंच तैयार था। अब विश्वास की छलाँग लगाना उनके ऊपर था।

□

8

भाग्यशाली

"जो कोई भी नेता होने का दावा करता है, उन्हें नेता की तरह बोलना चाहिए। इसका अर्थ है—सत्यनिष्ठा और सच्चाई से बोलना।"

—**कमला हैरिस**, *इंस्टाग्राम पोस्ट, 2019*

28 और 29 जुलाई, 2018 को कमला ने अपने कॅरियर के सबसे महत्त्वपूर्ण निर्णय की समीक्षा करने के लिए सेंट्रल पार्क के बगल में माया हैरिस के मैनहट्टन अपार्टमेंट में अपने व्यक्तिगत और व्यावसायिक जीवन में प्रासंगिक सभी लोगों को इकट्ठा किया।

उनके सलाहकार—ऐस स्मिथ, सीन क्लेग, जुआन रोड्रिग्ज और डैन न्यूमैन; उनके सीनेट चीफ ऑफ स्टाफ नाथन बारांकिन और राजनीतिक पर्यवेक्षक डेविड बाइंडर के साथ माया, कमला के बहनोई टोनी वेस्ट और उनके पति डग एम्होफ निर्णय पर चर्चा करने के लिए उनके साथ अपार्टमेंट बिल्डिंग के सम्मेलन कक्ष में बैठ गए। क्या उन्हें गोलाबारी करती बंदूकों के बीच जाना चाहिए? इसकी कीमत क्या होगी? यह उनके जीवन को कैसे प्रभावित करेगा? विचार करने के लिए असंख्य मुद्दे थे—आखिरकार कमला ने संयुक्त राज्य के राष्ट्रपति पद की प्रतिस्पर्धा में प्रवेश करने का मन बना लिया था।

देश के प्रमुख चुनावकर्ता और राजनीतिक पर्यवेक्षक डेविड बाइंडर को गहराई से विश्लेषण करने और कमला के सबसे करीबी लोगों के सामने अपने निष्कर्ष प्रस्तुत करने के लिए नियुक्त किया गया था—और इसलिए उन्होंने ऐसा किया।

कमला को पता था कि उन्हें अन्य डेमोक्रेट उम्मीदवारों के साथ-साथ उनके रिपब्लिकन प्रतिद्वंद्वियों से कड़ी प्रतिस्पर्धा का सामना करना

पड़ेगा, उनके जीवन के अनुभव और एक अभियोजक के रूप में उनकी पृष्ठभूमि तथा आप्रास पर उनकी सार्वजनिक नीति काम—जब उन्होंने पूर्व-दोषियों के लिए एक नौकरी प्रशिक्षण कार्यक्रम बनाया, जिसने अनिर्दिष्ट अप्रवासियों को भाग लेने की अनुमति प्रदान की और जिसकी प्रशंसा की—उन्हें लाभ प्रदान कर सकता है। लेकिन वित्त के बारे में क्या? हर कोई जानता था कि राष्ट्रपति पद के लिए चुनाव लड़ने का फैसला करना एक बात है और राष्ट्रपति के अभियान को बनाए रखना बिल्कुल दूसरी बात है। यह तय किया गया कि ओकलैंड, सैन फ्रांसिस्को, सिलिकॉन वैली और लॉस एंजिल्स में उनके जिस तरह के संपर्क थे, कमला को शायद धन जुटाने में मुश्किल नहीं आएगी। यह आसान नहीं होगा, लेकिन इस पर काम किया जा सकता है। हालाँकि कोई भी अति उत्साह में नहीं था और सभी ने विनम्र तथा यथार्थवादी बने रहने की कोशिश की कि आगे क्या होगा।

फिर सवाल आया कि क्या यह समय उनके लिए सही था। वे दो साल से भी कम समय से सीनेट में थीं। क्या राष्ट्रपति पद के उम्मीदवार को अधिक प्रभावशाली रिकॉर्ड बनाने पर काम नहीं करना चाहिए? पेशेवर क्षमता गिनाने के अलावा उनका और उनके परिवार, विशेष रूप से उनके सौतेले बच्चों के लिए—मीडिया का हमेशा पीछे लगे रहना भी मुद्दा था, अगर कमला ने भाग लेने का फैसला किया।

फिर सवाल आया कि क्या यह समय उनके लिए सही था। वे दो साल से भी कम समय से सीनेट में थीं। क्या राष्ट्रपति पद के उम्मीदवार को अधिक प्रभावशाली रिकॉर्ड बनाने पर काम नहीं करना चाहिए? पेशेवर क्षमता गिनाने के अलावा उनका और उनके परिवार, विशेष रूप

से उनके सौतेले बच्चों के लिए—मीडिया का हमेशा पीछे लगे रहना भी मुद्दा था, अगर कमला ने भाग लेने का फैसला किया। एक भावनात्मक और शारीरिक भार होगा, जो अभियान के साथ आएगा। सभी ने अपनी चिंताएँ व्यक्त कीं—क्या होगा यदि उन्होंने उनकी उम्मीदवारी को बढ़ावा देने के लिए एक पार्टी दी और उसमें कोई नहीं आया? यह उनकी उम्मीदवारी के लिए खतरनाक साबित होगा। यह संभावित रूप से उनके कॅरियर को समाप्त कर देगा और उनके द्वारा दशकों तक किए गए काम को बरबाद कर सकता है। इसके फायदे और नुकसान की सूची पर गहन विचार करने के दो दिन के बाद कमला हैरिस, वह राजनेता, जिनकी कभी-कभी अत्यधिक सतर्क रहने के लिए आलोचना की गई थी, उन्होंने अपना मन बना लिया था। वे इसमें हाथ डालने के लिए तैयार थीं।

अगले कुछ महीनों में कमला ने नियंत्रित और गणनात्मक तरीके से अभियान दल के कर्मचारियों की संख्या बढ़ा दी। बाल्टीमोर में चुपचाप एक जगह मुख्यालय के रूप में कार्य करने के लिए किराए पर ली गई थी, जहाँ से अभियान निर्देशित किया जाएगा। यद्यपि उनका मैरीलैंड के शहर से कोई संबंध नहीं था, लेकिन पूर्वी तट पर अपना कार्यालय होना, वह भी अमेरिकी राजनीति के उपकेंद्र के करीब होना महत्त्वपूर्ण था।

अगले कुछ महीनों में कमला ने नियंत्रित और गणनात्मक तरीके से अभियान दल के कर्मचारियों की संख्या बढ़ा दी। बाल्टीमोर में चुपचाप एक जगह मुख्यालय के रूप में कार्य करने के लिए किराए पर ली गई थी, जहाँ से अभियान निर्देशित किया जाएगा। यद्यपि उनका मैरीलैंड के शहर से कोई संबंध नहीं था, लेकिन पूर्वी तट पर अपना कार्यालय होना,

वह भी अमेरिकी राजनीति के उपकेंद्र के करीब होना महत्त्वपूर्ण था। जहाँ तक संयुक्त राज्य अमेरिका में राजनीति का संबंध है, समाचार हमेशा पूर्व से पश्चिम की ओर जाते हैं, लेकिन इसके विपरीत नहीं। इस बात को ध्यान में रखते हुए पूर्व में बहुत मजबूत आधार होने के बावजूद उन्होंने बाल्टीमोर के लिए कैलिफोर्निया से प्रतिस्पर्धा की।

नवंबर 2017 में कमला ने सीनेट में एक फैसला किया, जिसने आप्रवासी नीति के लिए एक उभरती हुई चैंपियन के रूप में उनकी छवि को मजबूत किया। वे सार्वजनिक रूप से किसी भी सरकारी फंडिंग बिल का विरोध करने की शपथ लेनेवाली पहली डेमोक्रेट सीनेटर बनीं, जब तक कि कांग्रेस ने ट्रंप की नई नीतियों से खतरे में पड़े युवाओं की रक्षा के लिए काररवाई नहीं की।

नवंबर 2017 में कमला ने सीनेट में एक फैसला किया, जिसने आप्रवासी नीति के लिए एक उभरती हुई चैंपियन के रूप में उनकी छवि को मजबूत किया। वे सार्वजनिक रूप से किसी भी सरकारी फंडिंग बिल का विरोध करने की शपथ लेनेवाली पहली डेमोक्रेट सीनेटर बनीं, जब तक कि कांग्रेस ने ट्रंप की नई नीतियों से खतरे में पड़े युवाओं की रक्षा के लिए काररवाई नहीं की। वे इस समूह की माँगों को माननेवाली सबसे हाई-प्रोफाइल राजनेताओं में से एक थीं और अप्रावासी अधिकार समूहों तथा रूढ़िवादी विरोधियों, दोनों ने इस पर ध्यान दिया। आप्रवासियों के बच्चे के रूप में वे देश की विदेश नीति में चल रहे संशोधन के अपने कड़े विरोध को लेकर मुखर थीं, जिसमें कुछ देशों के मुसलमानों पर यात्रा प्रतिबंध शामिल था। उन्होंने अपना पैसा कांग्रेस में एक्सेस टू काउंसेल एक्ट की शुरुआत करने में लगाया, जिसके लिए संघीय अधिकारियों को वकीलों को उन आप्रवासियों के

साथ संवाद करने की अनुमति देने की आवश्यकता थी, जो अमेरिका पहुँचने की कोशिश करते समय अधर में थे।[1]

2018 तक कमला कई कामों के बोझ तले दबी हुई थीं और सबकुछ ठीक चल रहा था, जब कैलिफोर्निया में कुछ अप्रत्याशित व्यवसाय सामने आया। यह उस वर्ष दिसंबर की शुरुआत में 'सैक्रामेंटो बी' में प्रकाशित एक परेशानी भरी और गलत समय में आई खबर थी। लंबे समय से शीर्ष स्टाफ सदस्य, लैरी वालेस ने उस समय इस्तीफा दे दिया, जब प्रेस ने कैलिफोर्निया के न्याय विभाग में काम करने के दौरान 4,00,000 डॉलर के उत्पीड़न और प्रतिशोध समझौते के बारे में पूछताछ की। वालेस ने कमला हैरिस के साथ जब वे राज्य की अटॉर्नी जनरल थीं, कानून प्रवर्तन विभाग के निदेशक के रूप में काम किया था और उनके पूर्व कार्यकारी सहायक द्वारा उत्पीड़न का आरोप लगाया गया था। मुकदमा 30 दिसंबर, 2016 को दायर किया गया था, जब कमला अभी भी अटॉर्नी जनरल थीं, लेकिन उनके बाद आए अधिकारी द्वारा मई 2017 में समझौता हुआ था।[2] वालेस कमला के सीनेट स्टाफ का हिस्सा भी थे। यह समझौता सीनेटर के लिए भारी शर्मिंदगी दिलानेवाला था और एक प्रबंधक के रूप में उनकी भूमिका पर इसका बुरा असर दिखा। आखिरकार वालेस ने उनके सीनेट स्टाफ से इस्तीफा दे दिया। हालाँकि इस घटना ने कमला के राष्ट्रपति पद के

2018 तक कमला कई कामों के बोझ तले दबी हुई थीं और सबकुछ ठीक चल रहा था, जब कैलिफोर्निया में कुछ अप्रत्याशित व्यवसाय सामने आया। यह उस वर्ष दिसंबर की शुरुआत में 'सैक्रामेंटो बी' में प्रकाशित एक परेशानी भरी और गलत समय में आई खबर थी। लंबे समय से शीर्ष स्टाफ सदस्य, लैरी वालेस ने उस समय इस्तीफा दे दिया...

लिए अपने निर्णय की घोषणा करने की तैयारी से ठीक पहले उनके लिए खराब प्रचार दिया।

2018 के अंत में उनके पीछे कुछ बुरा सपना जैसा हुआ, जब कमला अफगानिस्तान की यात्रा पर निकलीं। उन्होंने काबुल, मजार-ए-शरीफ और कंधार का दौरा किया। वहाँ वे स्थिति का आकलन करने के लिए अमेरिकी सैनिकों, राजनयिकों और राष्ट्रीय सुरक्षा पेशेवरों से मिलीं तथा उनसे पूरी जानकारी ली। उन्होंने वापस आने पर एक बयान में कहा, 'मैं क्षेत्र की स्थिति पर जमीनी स्तर पर जानकारी पाने और आतंकवाद से उत्पन्न खतरे से अपने देश और हमारे सहयोगियों को सुरक्षित रखने के सर्वोत्तम तरीके पर चर्चा करने के लिए आभारी हूँ।' उन्होंने अंत में कहा, 'मैं अफगानिस्तान में चल रहे संघर्ष का राजनीतिक समाधान खोजने के लिए उत्सुक हूँ, ताकि हम अमेरिकी सेवा सदस्यों और राष्ट्रीय सुरक्षा पेशेवरों को वापस घर ला सकें। इससे पहले, 2017 में सीनेट इंटेल कमेटी और होमलैंड सिक्योरिटी ऐंड गवर्नमेंट अफेयर्स कमेटी के सदस्य के रूप में कमला आई.एस.आई.एस. आतंकवादियों से लड़नेवाले अमेरिकी सैनिकों से मिलने के लिए इराक गई थीं। 2018 में उनकी अफगानिस्तान यात्रा तक कमला ने यह घोषणा नहीं की थी कि वे राष्ट्रपति पद के लिए चुनाव लड़ेंगी। 'सैन फ्रांसिस्को क्रॉनिकल' में प्रकाशित एक रिपोर्ट में कहा गया, 'यात्रा का समय हैरिस के 2020 में राष्ट्रपति पद के

2018 के अंत में उनके पीछे कुछ बुरा सपना जैसा हुआ, जब कमला अफगानिस्तान की यात्रा पर निकलीं। उन्होंने काबुल, मजार-ए-शरीफ और कंधार का दौरा किया। वहाँ वे स्थिति का आकलन करने के लिए अमेरिकी सैनिकों, राजनयिकों और राष्ट्रीय सुरक्षा पेशेवरों से मिलीं तथा उनसे पूरी जानकारी ली।

लिए खड़े होने की अटकलों को आमंत्रित करता है। हैरिस एक पूर्व अभियोजक और पूर्व-कैलिफोर्निया अटॉर्नी जनरल हैं और विदेश नीति एक ऐसा क्षेत्र है, जहाँ वे व्यापक रूप से खुले डेमोक्रेटिक प्राइमरी सीजन में अपनी साख को मजबूत करने के बारे में सोच सकती हैं।' इससे मीडिया में मनमुटाव पैदा हुआ और चारों ओर अनुमान लगने लगे। 'न्यूयॉर्क टाइम्स', 'वाशिंगटन पोस्ट' और अन्य प्रकाशनों ने उन्हें साल के अंत की अपनी कहानियों में सूचीबद्ध किया, यह अनुमान लगाते हुए कि क्या वे राष्ट्रपति के लिए खड़ी होंगी। इन सूचियों में सीनेटर कोरी बुकर, कर्स्टन गिलिब्रैंड और एलिजाबेथ वारेन भी शामिल थे। बर्नी सैंडर्स भी प्रतिस्पर्धा में थे और जो बाइडेन के भी अखाड़े में प्रवेश करने की उम्मीद थी। सी.एन.एन. ने डेमोक्रेटिक पार्टी के राष्ट्रपति पद के 29 संभावित उम्मीदवारों की घोषणा की। इनमें से चार कैलिफोर्निया के थे। प्रतियोगिता की बात गरमा रही थी।

इन सूचियों में सीनेटर कोरी बुकर, कर्स्टन गिलिब्रैंड और एलिजाबेथ वारेन भी शामिल थे। बर्नी सैंडर्स भी प्रतिस्पर्धा में थे और जो बाइडेन के भी अखाड़े में प्रवेश करने की उम्मीद थी। सी.एन.एन. ने डेमोक्रेटिक पार्टी के राष्ट्रपति पद के 29 संभावित उम्मीदवारों की घोषणा की। इनमें से चार कैलिफोर्निया के थे।

इस समय अमेरिकी चुनावी सम्मेलन को ध्यान में रखते हुए कमला को अपने राष्ट्रपति अभियान के लिए धन की व्यवस्था और उसके इस्तेमाल को सुनिश्चित करना था कि राजनीति में भाग लेनेवाले उम्मीदवारों को उनके लिए समर्थन प्रदर्शित करने के लिए खुद अपने अभियान के लिए धन जुटाना होगा। इस संबंध में कानून है कि कौन किसी अभियान में योगदान दे सकता है, वे कितना योगदान कर सकते हैं

और उन योगदानों की सूचना कैसे दी जानी चाहिए। उदाहरण के लिए, निगम, श्रमिक संगठन और सदस्यता समूह सीधे संघीय अभियानों में योगदान नहीं दे सकते हैं। हालाँकि वे राजनीतिक काररवाई समितियाँ बनाकर संघीय चुनावों को प्रभावित कर सकते हैं, जिन्हें पी.ए.सी. के रूप में जाना जाता है। ये समितियाँ सदस्यों और सहयोगियों से अभियान योगदान या फंड अभियान गतिविधियों जैसे विज्ञापन के लिए दान माँगती हैं। धन जुटाना चुनाव-प्रचार प्रक्रिया का एक महत्त्वपूर्ण हिस्सा है, क्योंकि चुनावी डॉलर में अकसर बराबर वोट होते हैं। कमला को महिलाओं के नेतृत्व वाले पी.ए.सी., व्यक्तिगत महिला मतदाताओं के साथ-साथ हॉलीवुड और सिलिकॉन वैली में डेमोक्रेटिक गढ़ों से काफी समर्थन मिला। इससे मदद मिली कि वे आधुनिक राजनीतिक युग में राष्ट्रपति पद के टिकट पर कैलिफोर्निया की पहली डेमोक्रेटिक उम्मीदवार थीं। उनके पक्ष में एक अतिरिक्त बढ़त थी, क्योंकि उस समय कैलिफोर्निया जंगल की आग से तबाह हो रहा था। यदि राष्ट्रपति-चुनाव में कैलिफोर्निया का प्रतिनिधि होता है तो राज्य को कई लाभ प्राप्त होंगे।

धन जुटाना चुनाव-प्रचार प्रक्रिया का एक महत्त्वपूर्ण हिस्सा है, क्योंकि चुनावी डॉलर में अकसर बराबर वोट होते हैं। कमला को महिलाओं के नेतृत्व वाले पी.ए.सी., व्यक्तिगत महिला मतदाताओं के साथ-साथ हॉलीवुड और सिलिकॉन वैली में डेमोक्रेटिक गढ़ों से काफी समर्थन मिला। इससे मदद मिली कि वे आधुनिक राजनीतिक युग में राष्ट्रपति पद के टिकट पर कैलिफोर्निया की पहली डेमोक्रेटिक उम्मीदवार थीं।

अपनी उम्मीदवारी को लेकर मीडिया में चल रही तमाम अटकलों के बीच कमला अपने फैसले पर चुप्पी साधे रहीं। फिर 21 जनवरी,

2019 को ए.बी.सी. नेटवर्क पर एक टॉक शो 'गुड मॉर्निंग अमेरिका' पर उन्होंने घोषणा की कि वे राष्ट्रपति पद के लिए खड़ी होंगी। यह घोषणा करते हुए उन्होंने कहा, 'अमेरिकी लोग किसी ऐसे व्यक्ति के हकदार हैं, जो उनके लिए लड़े, जो उन्हें देखे, जो उन्हें सुने, जो उनकी परवाह करे, जो उनके अनुभव के बारे में चिंतित हो और उन्हें अपने निजी स्वार्थ से आगे रखे।'

उन्होंने 27 जनवरी, 2019 को ओकलैंड में अपनी रैली की शुरुआत की। कैलिफोर्निया की सीनेटर कमला हैरिस को सुनने के लिए ओकलैंड शहर की सड़कों पर भीड़ उमड़ी—लगभग 20,000 लोगों की बड़ी भीड़ रिपोर्ट की गई, जिन्होंने 2020 की अमेरिकी राष्ट्रपति पद की प्रतिस्पर्धा जीतने और व्हाइट हाउस में प्रवेश करने के अपने इरादे की घोषणा की। उन्होंने अमेरिका में मामलों की स्थिति के बारे में अपने शब्दों को कम नहीं किया, जैसाकि वे खड़े थे, खुद को एक लोक सेवक के रूप में एक ऐसे समय में लोगों की सेवा करने के लिए तैयार किया, जब अमेरिकी लोकतंत्र पर 'पहले कभी नहीं' हमले हो रहे थे।

उन्होंने 27 जनवरी, 2019 को ओकलैंड में अपनी रैली की शुरुआत की। कैलिफोर्निया की सीनेटर कमला हैरिस को सुनने के लिए ओकलैंड शहर की सड़कों पर भीड़ उमड़ी—लगभग 20,000 लोगों की बड़ी भीड़ रिपोर्ट की गई, जिन्होंने 2020 की अमेरिकी राष्ट्रपति पद की प्रतिस्पर्धा जीतने और व्हाइट हाउस में प्रवेश करने के अपने इरादे की घोषणा की।

'मेरे पूरे जीवन में मेरे पास केवल एक ग्राहक रहा है—वे हैं लोग।' हैरिस ने कहा। उन्होंने उन नीतियों और विचारों को रेखांकित किया,

जिनके लिए वे लड़ी थीं, जिसमें सभी के लिए मेडिकेयर, आपराधिक न्याय सुधार और सार्वजनिक स्वास्थ्य आपातकाल के रूप में देश में ओपिओइड संकट का जवाब देने की आवश्यकता शामिल थी। उन्होंने एकता के लिए भी दबाव डाला और 'अमेरिकी लोगों की अद्भुत भावना' की प्रशंसा की।[3] माहौल उत्साहपूर्ण था और वह कौन थी, वह कहाँ से आई थी और वह किस चीज में प्रतिस्पर्धा कर रही थी, इसका महत्त्व उन हजारों लोगों के लिए नहीं था, जिन्होंने रैली में भाग लिया था।

'मैं लोगों के, लोगों के द्वारा और सभी लोगों की राष्ट्रपति बनने के लिए चुनाव लड़ रही हूँ।' उन्होंने कहा।

यह योजना एकदम से सफल हुई। 'न्यूयॉर्क टाइम्स' को दिए एक साक्षात्कार में राष्ट्रपति ट्रंप ने स्वीकार किया कि उनका ओकलैंड कार्यक्रम 'अब तक का सबसे अच्छी शुरुआत' थी।

'मैं लोगों के, लोगों के द्वारा और सभी लोगों की राष्ट्रपति बनने के लिए चुनाव लड़ रही हूँ।' उन्होंने कहा।

यह योजना एकदम से सफल हुई। 'न्यूयॉर्क टाइम्स' को दिए एक साक्षात्कार में राष्ट्रपति ट्रंप ने स्वीकार किया कि उनका ओकलैंड कार्यक्रम 'अब तक का सबसे अच्छी शुरुआत' थी।[4]

अगले कुछ हफ्तों के लिए कमला को विभिन्न स्थानों पर रैलियाँ करते देखा गया—वह इधर-उधर भाग रही थीं, लेकिन ऊँची एड़ी के जूतों में नहीं। कई मायनों में कन्वर्स स्नीकर्स में देखे जाने के कारण उन्होंने राजनीतिक शैली पर नियम पुस्तिका को फिर से लिखा—ऐसा करनेवाली वे पहली राष्ट्रपति (और बाद में उप राष्ट्रपति पद की) उम्मीदवार थीं। लेकिन कार्यात्मक स्नीकर्स के साथ सुरुचिपूर्ण पावरपर्ल की जोड़ी सिर्फ अभियान के लिए नहीं थी; वे हमेशा से ही कंफर्टेबल

फुटवियर के प्रति पक्षपाती रही हैं। उन्होंने TheCut.com को बताया, 'मैं अपने कन्वर्स स्नीकर्स में हवाई अड्डों में भी जाती हूँ।' 'मेरे पास चक टेलर्स का एक पूरा संग्रह है—एक काले चमड़े की जोड़ी, एक सफेद जोड़ी, मेरे पास वह प्रकार है, जिनमें लेस नहीं होता है, जिसमें लेस होता है, वह जिसे मैं गरम मौसम में पहनती हूँ, जिसे मैं ठंडे मौसम में पहनती हूँ और प्लेटफार्म टाइप, जो मैं पैंटसूट के साथ पहनती हूँ।'[5]

□

इतनी अच्छी शुरुआत देखने के बाद अपनी उम्मीदवारी की घोषणा करने के दो सप्ताह के भीतर फॉक्स न्यूज ने कमला हैरिस को व्हाइट हाउस में मुख्य स्थान की प्रतिस्पर्धा में सबसे आगे प्रतिस्पर्धा रही प्रतियोगी घोषित किया। हालाँकि जो बाइडेन शुरू से अंत तक प्रमुख उम्मीदवार बने रहे, कमला भी शीर्ष स्तर पर बनी रहीं, जिसका मतलब था—सूक्ष्म जाँच होना।

> ***इतनी अच्छी शुरुआत देखने के बाद अपनी उम्मीदवारी की घोषणा करने के दो सप्ताह के भीतर फॉक्स न्यूज ने कमला हैरिस को व्हाइट हाउस में मुख्य स्थान की प्रतिस्पर्धा में सबसे आगे प्रतिस्पर्धा रही प्रतियोगी घोषित किया। हालाँकि जो बाइडेन शुरू से अंत तक प्रमुख उम्मीदवार बने रहे, कमला भी शीर्ष स्तर पर बनी रहीं, जिसका मतलब था—सूक्ष्म जाँच होना।***

एक ओर माया, हिलेरी क्लिंटन के राष्ट्रपति अभियान के साथ अपने प्रभावशाली बायोडाटा और अनुभव के साथ पूर्व में कमला के अभियान की अध्यक्षता कर रही थीं, जबकि टीम का अधिकांश हिस्सा रणनीति पर काम करने के लिए सैन फ्रांसिस्को में रहा। 'वे अमूल्य हैं,' कमला ने 'वाशिंगटन पोस्ट' में एक फीचर में माया के बारे में कहा। 'ऐसी कोई रकम नहीं है, जो मैं उन्हें दे सकती हूँ, इसलिए मैं उन्हें कोई पैसा नहीं देती हूँ।'[6] 'इंडिपेंडेंट' में

एक रिपोर्ट के अनुसार, 'हैरिस के राष्ट्रपति अभियान के हर पहलू—दानदाताओं से प्रार्थना करने से नीतिगत पहलों का मसौदा तैयार करने के लिए विविध कर्मचारियों की भर्ती करने तक, जिस पर अभियान आगे बढ़ेगा, उसमें छोटी सुश्री हैरिस की छाप थी।'[7]

प्रेस उनके साथ थी, ऐसा लग रहा था कि कमला अजेय थी। हालाँकि प्रतिस्पर्धी गुटों और कुछ स्वप्रेरित असफलताओं ने अभियान को नुकसान पहुँचाया। पर्यवेक्षकों ने कमला की रिपोर्टरों से बचने की आदत की ओर इशारा किया और उनके खिलाफ काम करनेवाले मुद्दों के कारकों पर अकसर अस्पष्ट रुख पेश किया। उदाहरण के लिए, कमला ने सार्वजनिक रूप से दावा किया था कि वह मारिजुआना के गैर-अपराधीकरण के खिलाफ थीं, जबकि जुलाई 2019 में उन्होंने संयुक्त रूप से मारिजुआना को गैर-अपराधी बनाने और इसकी व्यावसायिक बिक्री को वैध बनाने के लिए एक बिल को सह-प्रायोजित किया। कानून को मारिजुआना अवसर पुनर्निवेश और निष्कासन अधिनियम या MORE अधिनियम कहा जाता था, यह उनके समर्थकों को उनकी ओर से एक असंगति के रूप में दिखाई दिया। एक और मामला, जिसने उनके कुछ प्रशंसकों को परेशान किया, वह था, विशेष रूप से—सहमत वयस्कों के बीच वेश्यावृत्ति के अपराधीकरण पर उनका अलग रुख—क्योंकि वे 2016 में उनके द्वारा

प्रेस उनके साथ थी, ऐसा लग रहा था कि कमला अजेय थी। हालाँकि प्रतिस्पर्धी गुटों और कुछ स्वप्रेरित असफलताओं ने अभियान को नुकसान पहुँचाया। पर्यवेक्षकों ने कमला की रिपोर्टरों से बचने की आदत की ओर इशारा किया और उनके खिलाफ काम करनेवाले मुद्दों के कारकों पर अकसर अस्पष्ट रुख पेश किया।

अपनाए गए निडर रुख के बारे में जानते थे, जब उन्होंने Backpage.com, एक वेबसाइट, जो क्लासीफाइड लिस्टिंग साइट होने की आड़ में 'एस्कॉर्ट सर्विसेज' प्रदान करती है, के सी.ई.ओ. कार्ल फेरर की गिरफ्तारी की घोषणा की थी। फेरर पर दलाली, नाबालिगों की दलाली करने तथा दलाली करने की साजिश का आरोप लगाया गया था; अंततः उनकी वेबसाइट को अपने वयस्क अनुभाग को बंद करने के लिए मजबूर होना पड़ा। उस समय कमला को बच्चों और महिलाओं के अधिकारों की सुरक्षा पर उनके तेज और निर्णायक कारवाई के लिए बहुत सराहा गया था, जिससे बाद उन्हें इसी तरह के मुद्दे पर अप्रत्याशित और निराशाजनक प्रतिक्रिया मिली।

कमला को बहुत मजबूती से यह महसूस हो गया था कि राष्ट्रपति पद की प्रतिस्पर्धा के दौरान उनके द्वारा लगातार सुर्खियों में रहने के कारण उनके द्वारा बोले गए हर शब्द के परिणाम सामने आए। फरवरी 2019 में 'ब्रेकफास्ट' क्लब पॉडकास्ट पर छपे एक साक्षात्कार ने एक और विवाद खड़ा कर दिया। पॉडकास्ट पर कमला ने मेजबान को यों ही कहा था कि उन्होंने कॉलेज में मारिजुआना का पान किया था और कहा, 'मेरा आधा परिवार जमैका से है।

कमला को बहुत मजबूती से यह महसूस हो गया था कि राष्ट्रपति पद की प्रतिस्पर्धा के दौरान उनके द्वारा लगातार सुर्खियों में रहने के कारण उनके द्वारा बोले गए हर शब्द के परिणाम सामने आए। फरवरी 2019 में 'ब्रेकफास्ट' क्लब पॉडकास्ट पर छपे एक साक्षात्कार ने एक और विवाद खड़ा कर दिया। पॉडकास्ट पर कमला ने मेजबान को यों ही कहा था कि उन्होंने कॉलेज में मारिजुआना का पान किया था और कहा, 'मेरा आधा परिवार जमैका से है। क्या

आप मजाक कर रहे हो?' इससे उनके पिता, एक गर्वित जमैकियन, स्टैनफोर्ड के प्रो. डोनाल्ड हैरिस को बिल्कुल अच्छा नहीं लगा। उन्होंने अपने ब्लॉग में लिखा है कि उनकी मृत दादा-दादी और माता-पिता की आत्मा इस समय रो रही होगी कि 'उनके परिवार के नाम, प्रतिष्ठा और गर्वित जमैका की पहचान को मजाक में या अन्य किसी भी तरह से पॉट-स्मोकिंग कपटपूर्ण स्टीरियोटाइप और पहचान की राजनीति से जोड़ा जा रहा है।'[8] उन्होंने अपना यह बयान जल्द ही हटा भी दिया था, लेकिन तब तक इसे कई लोगों ने पढ़ लिया था और कमला की प्रतिष्ठा को काफी नुकसान हुआ था।

दूसरे मोर्चों पर भी परेशानी आने लगी। वित्तीय संकट और आंतरिक अव्यवस्था ने उनके अभियान में दरारें दिखाना शुरू कर दिया था। वे गिरते हुए चुनावों से भी परेशान थीं, जो इस राय को दरशाता है कि वे 'शुरुआत में ही प्राइमरी में एक कमजोर प्रचारक साबित हुईं, क्योंकि वे मतदाताओं को यह स्पष्ट रूप से बताने में असमर्थ थीं कि वे किन मुद्दों के लिए खड़ी हुई हैं।'

दूसरे मोर्चों पर भी परेशानी आने लगी। वित्तीय संकट और आंतरिक अव्यवस्था ने उनके अभियान में दरारें दिखाना शुरू कर दिया था। वे गिरते हुए चुनावों से भी परेशान थीं, जो इस राय को दरशाता है कि वे 'शुरुआत में ही प्राइमरी में एक कमजोर प्रचारक साबित हुईं, क्योंकि वे मतदाताओं को यह स्पष्ट रूप से बताने में असमर्थ थीं कि वे किन मुद्दों के लिए खड़ी हुई हैं।'[9]

कमला को भी उतनी तवज्जो नहीं मिल रही थी, जितनी उन्होंने उम्मीद की थी। वे मैसाचुसेट्स सीनेटर एलिजाबेथ वारेन, मिनेसोटा सीनेटर एमी क्लोबुचर और न्यूयॉर्क के सीनेटर कर्स्टन गिलिब्रैंड जैसी

मजबूत महिला दावेदारों के खिलाफ थीं, जो कड़ी प्रतिस्पर्धा में थीं। साउथ बेंड के पूर्व मेयर पीट बटिगिएग भी सुर्खियों के लिए लड़ रहे थे और नए योग्य और पहली बार मतदाताओं को आकर्षित कर रहे थे, जो एक युवा राष्ट्रपति को शीर्ष पर देखना चाहते थे। वे ऐसे एकमात्र उम्मीदवार के रूप में खड़े हुए थे, जो अपने शब्दों में, 'प्रतिस्पर्धा में एकमात्र बाएँ हाथवाले, माल्टीज-अमेरिकन-एपिस्कोपेलियन-समलैंगिक-युद्ध के दिग्गज' थे।[10] हार्वर्ड और रोड्स स्कॉलर में शिक्षित, बटिगिएग एक दुर्जेय प्रतिद्वंद्वी के रूप में उभर रहे थे। वे 38 वर्ष के थे, अगर वे जीते तो वे अमेरिकी इतिहास में सबसे कम उम्र के राष्ट्रपति बन जाएँगे। पहले खुले तौर पर समलैंगिक प्रमुख पार्टी से राष्ट्रपति पद के उम्मीदवार के रूप में उनकी उम्मीदवारी ऐतिहासिक थी। फिर चिंता करने के लिए जो बाइडेन भी थे। हालाँकि हैरिस की उम्मीदवारी को मीडिया कवरेज मिला था, क्योंकि उन्होंने पहली बार 2020 की प्रतिस्पर्धा में प्रवेश किया था, उनका अभियान लगातार अधिकांश चुनावों में एकल अंकों को पार करने में असमर्थ रहा था।

हार्वर्ड और रोड्स स्कॉलर में शिक्षित, बटिगिएग एक दुर्जेय प्रतिद्वंद्वी के रूप में उभर रहे थे। वे 38 वर्ष के थे, अगर वे जीते तो वे अमेरिकी इतिहास में सबसे कम उम्र के राष्ट्रपति बन जाएँगे। पहले खुले तौर पर समलैंगिक प्रमुख पार्टी से राष्ट्रपति पद के उम्मीदवार के रूप में उनकी उम्मीदवारी ऐतिहासिक थी। फिर चिंता करने के लिए जो बाइडेन भी थे।

कमला को पूर्व अभियोजक के रूप में अपने रिकॉर्ड के लिए भी लगातार जाँच का सामना करना पड़ा। 2004 से 2011 तक सैन फ्रांसिस्को के डिस्ट्रिक्ट अटॉर्नी के रूप में काम करते हुए, उनके

कार्यालय ने बच्चों के माता-पिता का अपराधीकरण किया और ऐसी जानकारी छिपाई, जिससे ड्रग प्रतिवादियों को दोषमुक्त किया जा सके। जैसे-जैसे अमेरिकी 'कठिन-अपराध' बयानबाजी में तेजी लाए, हैरिस ने अपने अभियोजन रिकॉर्ड के उन पहलुओं पर पीछे हट गईं, जिन्हें सबसे अधिक चर्चा मिली।

उन्होंने हस्ताक्षर प्रगतिशील मुद्दों पर अभियान चलाकर, आपराधिक न्याय सुधार, जलवायु परिवर्तन, छात्र ऋण और बहुत कुछ लेने की योजना शुरू करके एक कठिन अभियोजक के रूप में अपनी प्रतिष्ठा में सुधार करने का प्रयास किया। बाकी डेमोक्रेटिक राष्ट्रपति पद के उम्मीदवारों की तरह हैरिस ने खुद को ट्रंप को हराने के रूप में प्रस्तुत किया।

उन्होंने हस्ताक्षर प्रगतिशील मुद्दों पर अभियान चलाकर, आपराधिक न्याय सुधार, जलवायु परिवर्तन, छात्र ऋण और बहुत कुछ लेने की योजना शुरू करके एक कठिन अभियोजक के रूप में अपनी प्रतिष्ठा में सुधार करने का प्रयास किया। बाकी डेमोक्रेटिक राष्ट्रपति पद के उम्मीदवारों की तरह हैरिस ने खुद को ट्रंप को हराने के रूप में प्रस्तुत किया।[11] दुर्भाग्य से राजनीति में किसी को हराने के लिए लड़ना कभी भी लड़ने का एक अच्छा कारण नहीं माना जाता है। उन्हें लोगों के सामने कुछ और लाने की जरूरत थी। उन्हें यह स्थापित करने की जरूरत थी कि अगर वह राष्ट्रपति चुनी जाती हैं तो उन्हें क्या हासिल करने की उम्मीद है।

जल्द ही उन्हें प्रतिस्पर्धा को मोड़ने और बहस से परे अपनी उम्मीदवारी को लायक साबित करने का एक शानदार अवसर मिला। 27

जून, 2019 को हुई पहली डेमोक्रेटिक राष्ट्रपति बहस के साथ यह मौका आया। यह मियामी, फ्लोरिडा में एड्रिएन अर्शट सेंटर फॉर द परफॉर्मिंग आर्ट्स में बड़े मंच पर जो बाइडेन के खिलाफ था। 'मैं प्रतिस्पर्धा के मुद्दे पर बोलना चाहूँगी,' उन्होंने शुरू किया। धीरे से शुरू करते हुए उन्होंने कहा कि उन्हें विश्वास नहीं था कि बाइडेन नस्लवादी थे। बहस उस बिंदु से आगे बढ़ी, धीरे-धीरे गति बढ़ रही थी और फिर एक घंटे में उन्होंने अपने प्रतिद्वंद्वी पर सीधे नस्लवाद के मुद्दे पर हमला किया, दशकों पहले अलगाववादी सीनेटरों के साथ अपने संबंध को भुनाया और स्कूलों में अलगाव को रोकने के लिए बसिंग योजना पर अंकुश लगाने के उनके प्रयासों को सामने लाया।[12]

आपको संयुक्त राज्य अमेरिका के दो सीनेटरों की प्रतिष्ठा के बारे में बात करते हुए सुनकर दुःख हुआ, जिन्होंने इस देश में नस्ल के अलगाव पर अपनी प्रतिष्ठा और कॅरियर को बनाया। सिर्फ इतना ही नहीं, आपने उनके साथ बसिंग का विरोध करने के लिए भी काम किया।

बाइडेन को संबोधित करते हुए उन्होंने कहा, 'आपको संयुक्त राज्य अमेरिका के दो सीनेटरों की प्रतिष्ठा के बारे में बात करते हुए सुनकर दुःख हुआ, जिन्होंने इस देश में नस्ल के अलगाव पर अपनी प्रतिष्ठा और कॅरियर को बनाया। सिर्फ इतना ही नहीं, आपने उनके साथ बसिंग का विरोध करने के लिए भी काम किया। और आप जानते हैं कि कैलिफोर्निया में एक छोटी लड़की थी, जो अपने पब्लिक स्कूलों को एकीकृत करने के लिए दूसरी कक्षा का हिस्सा थी और उन्हें हर दिन स्कूल भेजा जाता था। और वह छोटी लड़की मैं थी।' उन्होंने कहा।[13] जातिवाद के महत्त्वपूर्ण मुद्दे पर राष्ट्रपति चुनाव में उनके निडर हमले ने एक बात स्पष्ट कर दी थी, वे सबकी चहेती बन गई हैं। वे लड़ाई से

पीछे नहीं हटेंगी और वे जीतने के लिए भाग ले रही हैं। तुरंत उनको धन मिलने का ग्राफ बढ़ गया, जिससे उन्हें मतदान में बढ़ावा मिला। हालाँकि उत्साह के साथ-साथ मतदान भी कुछ ही समय के लिए रहा था।

आनेवाले दिनों में पहली बहस ने विवाद को जन्म दिया, जब कमला के समर्थकों और आलोचकों में इस बात पर विवाद हुआ कि क्या सावधानीपूर्वक पूर्वाभ्यास किया गया हमला राजनीतिक रूप से समझदार था या जानबूझकर नियम विरोधी था। क्या अतीत में हुई किसी बात को सामने लाना प्रासंगिक था? क्या यह बेजान होते हुए अभियान को पुनर्जीवित करने का कमला का एक तरीका था? दूसरी ओर यह उन सभी को स्पष्ट था, जिन्होंने इस वार्त्ता को देखा था कि कमला हैरिस ने खुद को एक बहुसांस्कृतिक अमेरिका के व्यक्तित्व के रूप में नहीं रखा था, जहाँ जातिवाद एक ऐसा मुद्दा था, जिसे चर्चा से रोका नहीं जा सकता था, नहीं तो वे इस प्रतिस्पर्धा के योग्य नहीं होंगी।

आनेवाले दिनों में पहली बहस ने विवाद को जन्म दिया, जब कमला के समर्थकों और आलोचकों में इस बात पर विवाद हुआ कि क्या सावधानीपूर्वक पूर्वाभ्यास किया गया हमला राजनीतिक रूप से समझदार था या जानबूझकर नियम विरोधी था। क्या अतीत में हुई किसी बात को सामने लाना प्रासंगिक था?

इस बीच बाइडेन पर हुए हमले ने उन्हें पूरी तरह से हैरान कर दिया था। बाइडेन ने सी.एन.एन. को बताया, 'मैं उनके पीछे पड़ने के लिए तैयार था, लेकिन मैं उस व्यक्ति के लिए तैयार नहीं था, जिस तरह से वह मेरे सामने आई। वह ब्यू को जानती थी। वह मुझे जानती है।' 'द वाशिंगटन पोस्ट' ने नोट किया कि कमला की ब्यू बाइडेन के साथ घनिष्ठ

मित्रता, जिनकी 2015 में 46 वर्ष की आयु में ब्रेन कैंसर से मृत्यु हो गई थी, ने बढ़ती प्रतिद्वंद्विता को असामान्य रूप से व्यक्तिगत रूप दिया। कमला और ब्यू ने 2010 की शुरुआत में कैलिफोर्निया और डेलावेयर में साथी राज्य अटॉर्नी जनरल के रूप में एक संबंध विकसित किया था, मामलों पर रणनीति बनाना और राजनीतिक रूप से महत्त्वाकांक्षी भविष्य के डेमोक्रेटिक सितारों के रूप में नोट्स की तुलना करना। इसने हैरिस और जो बाइडेन के बीच संबंध को बढ़ावा दिया। उन्होंने उनके 2016 के अमेरिकी सीनेट उम्मीदवारी का समर्थन किया और कुछ डेमोक्रेट्स ने इस जोड़ी को 2020 टिकट के सपने के रूप में देखा। लेकिन अब बाइडेन के खेमे में कुछ लोग हैरिस के आश्चर्यजनक हमले और उनके नागरिक अधिकारों के रिकॉर्ड की चल रही आलोचना को व्यक्तिगत उल्लंघन मानते हैं।[14]

□

आम चुनाव में एक अभियोजक के रूप में कमला की पृष्ठभूमि, जिसने लोगों को उन कामों के लिए जेल में डाला, जिसके लिए उन्हें सलाखों के पीछे डालना जरूरी था, एक मजबूत ढाल होगी। हालाँकि वह जाँच के दायरे में थी और उनके पिछले रिकॉर्ड की जाँच की जा रही थी, जोकि अश्वेत पुरुषों की बेगुनाही दावों के लिए थी, जिन्हें गलत तरीके से दोषी ठहराया गया था।

आम चुनाव में एक अभियोजक के रूप में कमला की पृष्ठभूमि, जिसने लोगों को उन कामों के लिए जेल में डाला, जिसके लिए उन्हें सलाखों के पीछे डालना जरूरी था, एक मजबूत ढाल होगी। हालाँकि वह जाँच के दायरे में थी और उनके पिछले रिकॉर्ड की जाँच की जा रही थी, जोकि अश्वेत पुरुषों की बेगुनाही दावों के लिए थी, जिन्हें गलत तरीके से दोषी ठहराया गया था।

17 जनवरी, 2019 को यूनिवर्सिटी ऑफ सैन फ्रांसिस्को स्कूल ऑफ लॉ की एक सहायक प्रोफेसर लारा बेजेलन ने 'न्यूयॉर्क टाइम्स' में प्रकाशित व्यक्तिगत राय में उनकी आलोचना की। 'समय-समय पर, जब प्रगतिवादियों ने उन्हें जिला अटॉर्नी और फिर राज्य के अटॉर्नी जनरल के रूप में आपराधिक न्याय सुधारों को अपनाने का आग्रह किया तो सुश्री हैरिस ने या तो उनका विरोध किया या उस पर चुप रहीं। सबसे अधिक परेशान करनेवाली बात यह थी कि सुश्री हैरिस ने आधिकारिक अराजकता के माध्यम से सुरक्षित किए गए गलत विश्वासों को बनाए रखने के लिए अपने आपको झोंक दिया, जिसमें सबूतों से छेड़छाड़, झूठी गवाही और अभियोजकों द्वारा महत्त्वपूर्ण जानकारी का दमन शामिल था।[15] इस भाषण ने उनके अभियान की धज्जियाँ उड़ा दीं, हालाँकि इसने उसे पूरी तरह से नष्ट नहीं किया था।

हवाई की कांग्रेस महिला तुलसी गबार्ड ने इस विषय पर चर्चा करते हुए दूसरे डेमोक्रेटिक राष्ट्रपति पद की प्राथमिक बहस में अपने हमले में विशेष रूप से निर्दयी दिखाई दीं। जुलाई के अंत में डेट्रायट में हुई बहस के दौरान गबार्ड ने घोषणा की थी कि कमला ने 'मारिजुआना उल्लंघन के लिए 1,500 से अधिक लोगों को जेल में डाल दिया था'"

हवाई की कांग्रेस महिला तुलसी गबार्ड ने इस विषय पर चर्चा करते हुए दूसरे डेमोक्रेटिक राष्ट्रपति पद की प्राथमिक बहस में अपने हमले में विशेष रूप से निर्दयी दिखाई दीं। जुलाई के अंत में डेट्रायट में हुई बहस के दौरान गबार्ड ने घोषणा की थी कि कमला ने 'मारिजुआना उल्लंघन के लिए 1,500 से अधिक लोगों को जेल में डाल दिया था' और सबूतों की जाँच करने में विफल रहीं, जो मृत्युदंड के कैदी को दोषमुक्त कर सकते थे। उन्होंने केविन कूपर मामले के संदर्भ में यह बात कही।[16]

कूपर को कैलिफोर्निया के चिनो हिल्स में एक दंपति, उनकी 10 वर्षीय बेटी और उनकी बेटी के दोस्त एक 11 वर्षीय लड़के की हत्या का दोषी ठहराया गया था। दंपति का आठ वर्षीय बेटा, जो घटना के समय घर में मौजूद था, गरदन पर चोट लगने के कारण हमले में बच गया था, इसलिए उनकी गवाही सबसे महत्त्वपूर्ण थी। शुरू में यह सुझाव देने के बाद कि हमले के दिन तीन लोग घर आए थे, काम की तलाश में उन्होंने बाद में कूपर के खिलाफ गवाही दी, उन्हें एकमात्र हमलावर के रूप में पहचाना। ए.बी.सी. समाचार रिपोर्ट के मुताबिक, 'हैरिस की काररवाई पर सवाल बाद में सामने आया—जब कूपर और उनके वकीलों ने राज्य से अतिरिक्त डीएनए परीक्षण को मंजूरी देने के लिए कहा, जिसके लिए उन्होंने तर्क दिया कि यह उन्हें दोषमुक्त कर सकता है। हैरिस की टीम ने मामला नहीं उठाया और हैरिस के राज्य कार्यालय में रहते हुए अपराध स्थल से सबूतों की फिर से जाँच नहीं की गई।'[17] बाद में, 2018 में 'न्यूयॉर्क टाइम्स' की एक पोस्ट में कमला ने कहा, 'डीएनए परीक्षण में दृढ़ विश्वास रखने के कारण मुझे आशा है कि राज्यपाल और राज्य केविन कूपर के मामले में इस तरह के परीक्षण की अनुमति देंगे।' हालाँकि अपने बयान और प्रभाव परिवर्तन पर काररवाई करने में उन्होंने बहुत देर कर दी थी, क्योंकि वे तब तक उस पद से हट चुकी थीं और अब एक सीनेटर थीं।

हैरिस की काररवाई पर सवाल बाद में सामने आया—जब कूपर और उनके वकीलों ने राज्य से अतिरिक्त डीएनए परीक्षण को मंजूरी देने के लिए कहा, जिसके लिए उन्होंने तर्क दिया कि यह उन्हें दोषमुक्त कर सकता है। हैरिस की टीम ने मामला नहीं उठाया और हैरिस के राज्य कार्यालय में रहते हुए अपराध स्थल से सबूतों की फिर से जाँच नहीं की गई।

हालाँकि यह अप्रासंगिक था और बाद में कमला के अभियान द्वारा स्पष्ट किया गया कि वे 2016 में कूपर के अनुरोध को अस्वीकार करने में सीधे तौर पर शामिल नहीं थीं, ऐसे में यह मुद्दा उठना कमला के लिए अनपेक्षित और शर्मनाक था, खासकर 10 उम्मीदवारों के साथ भरे मंच पर। कमला संतुष्ट करनेवाला जवाब नहीं दे पाईं। इससे स्थिति और बिगड़ गई, जब वे पत्रकार एंकर एंडरसन कूपर के साथ बातचीत में सी.एन.एन. पर दिखाई दीं। उन्होंने कहा, 'यह अटपटा लग सकता है, लेकिन जाहिर है कि मैं एक शीर्ष स्तरीय उम्मीदवार हूँ, इसलिए मुझे उम्मीद थी कि मैं आज रात मंच पर आऊँगी और कुछ चोटों का सामना मुझे करना होगा, क्योंकि बहुत सारे लोग हैं, जो अगली बहस के लिए मंच बनाने की कोशिश कर रहे हैं। खासकर तब, जब लोग शून्य या एक प्रतिशत पर हों या वे (गैबार्ड) जिस भी स्थान पर हों तो मुझे आज रात कुछ चोट मिलने की उम्मीद थी।'[18] इसका अर्थ यह है कि गैबार्ड के लिए दाँव पर उतना नहीं लगा था, जितना उनके लिए लगा था, इसलिए उसने कमला पर हमला करना चुना, कमला को गर्व था और वे अपने प्रतिद्वंद्वी को नीचा दिखाना चाहती थीं।

> ***यह अप्रासंगिक था और बाद में कमला के अभियान द्वारा स्पष्ट किया गया कि वे 2016 में कूपर के अनुरोध को अस्वीकार करने में सीधे तौर पर शामिल नहीं थीं, ऐसे में यह मुद्दा उठना कमला के लिए अनपेक्षित और शर्मनाक था, खासकर 10 उम्मीदवारों के साथ भरे मंच पर। कमला संतुष्ट करनेवाला जवाब नहीं दे पाईं।***

कारण जो भी हो, नवंबर 2019 की शुरुआत तक धन की कमी के कारण कमला का अभियान विफल होना शुरू हो गया था और विभिन्न प्रकाशनों में उनके ऑपरेशन के चरमराने के समाचार आ रहे थे। 29

नवंबर को 'न्यूयॉर्क टाइम्स' ने 'हाउ कमला हैरिस कैंपेन अनरावेलेड' शीर्षक के तहत अभियान को लगभग 3,000 शब्दों में पुनर्निर्माण कर प्रस्तुत किया। इसमें कहा गया, '2020 के डेमोक्रेटिक क्षेत्र को इसकी अशांति से परिभाषित किया गया है, जिसमें कुछ दावेदार उभर रहे हैं, अन्य बाहर हो गए हैं तथा दो और दावेदर इस महीने मैदान में हैं सुश्री हैरिस एकमात्र 2020 डेमोक्रेट हैं, जो शीर्ष स्तर के उम्मीदवारों में बुरी तरह नीचे गिरी हैं।'[19] अब तक यह सबको समझ आ गया था कि उनके मुख्य सलाहकारों में से एक जुआन रोड्रिग्ज, वे प्रतिस्पर्धा रहे थे और यह सिर्फ एक संकेत था कि अभियान के अंदर चीजें कैसी हो गई थीं। माया और युवा अभियान कार्यकर्ताओं के बीच बार-बार असहमति होने लगी थी, क्योंकि दोनों पक्षों के दृष्टिकोण पर मतभेद थे। आंतरिक नाटक असहनीय हो गया था। पैसे खत्म होने के कारण अपनी नौकरी गँवाने वाले अभियान कार्यकर्ता उपहास कर रहे थे, क्योंकि उन्होंने अपने लिए काम ढूँढ़ लिया था।

अब तक यह सबको समझ आ गया था कि उनके मुख्य सलाहकारों में से एक जुआन रोड्रिग्ज, वे प्रतिस्पर्धा रहे थे और यह सिर्फ एक संकेत था कि अभियान के अंदर चीजें कैसी हो गई थीं। माया और युवा अभियान कार्यकर्ताओं के बीच बार-बार असहमति होने लगी थी, क्योंकि दोनों पक्षों के दृष्टिकोण पर मतभेद थे। आंतरिक नाटक असहनीय हो गया था।

यह महसूस करते हुए कि उनके पास कोई महत्त्वपूर्ण धनराशि नहीं बची है, कमला ने अपनी टीम के साथ विचार-विमर्श करने के बाद प्रतिस्पर्धा से बाहर होने का फैसला किया। यह निर्णय जल्दी लेकर उन्होंने खुद को आयोवा कॉकस में बड़ी हार की शर्मिंदगी से बचाया

और इससे भी बदतर अपने गृह राज्य कैलिफोर्निया में। उनका नाम अब 3 मार्च, 2020 को होनेवाले कैलिफोर्निया के प्राथमिक मतपत्र में दिखाई नहीं देगा। यह एक सोची-समझी चाल थी, क्योंकि चुनावी मतगणना से पता चला कि वे कैलिफोर्निया में हारने के लिए पूरी तरह तैयार थीं। उनके अपने राज्य में हार न केवल चिंताजनक और निराशाजनक होती, बल्कि भविष्य के चुनावों में एक उम्मीदवार के रूप में उनकी व्यवहार्यता पर भी सवाल खड़े करती।

□

राष्ट्रपति अभियान के साथ कमला ने उस काम को फिर से शुरू किया, जिसके लिए उन्हें चुना गया था—संयुक्त राज्य सीनेट में अपने राज्य का प्रतिनिधित्व करना। उन्होंने कैलिफोर्निया के लिए विशिष्ट मुद्दों, जैसे कैलिफोर्निया-मेक्सिको सीमा पर तिजुआना नदी में प्रदूषण को कम करने के बढ़ते उपायों को उठाया।

राष्ट्रपति अभियान के साथ कमला ने उस काम को फिर से शुरू किया, जिसके लिए उन्हें चुना गया था—संयुक्त राज्य सीनेट में अपने राज्य का प्रतिनिधित्व करना। उन्होंने कैलिफोर्निया के लिए विशिष्ट मुद्दों, जैसे कैलिफोर्निया-मेक्सिको सीमा पर तिजुआना नदी में प्रदूषण को कम करने के बढ़ते उपायों को उठाया। उन्होंने अभियान के दौरान जिन विषयों को छुआ था, उन पर भी उन्होंने दृढ़ता से बात की, जैसे औद्योगिक प्रदूषण के घातक प्रभाव से वंचित समुदायों की रक्षा करने की आवश्यकता पर।[20]

2020 की शुरुआत में, जब व्यावहारिक रूप से पूरी दुनिया कोविड-19 महामारी की चपेट में थी, इस पर कमला की प्रतिक्रिया त्वरित और निर्णायक थी। उन्होंने अमेरिकी नागरिकों की रक्षा के उद्देश्य

से कई बदलावों का आह्वान किया, जिसमें जमींदारों को किराएदारों को बेदखल करने से रोकनेवाले संघीय कानून और बाद में छूटे हुए किराए के भुगतान के लिए 18 महीने का समय प्रदान करना तथा एक साल के लिए फौजदारी पर प्रतिबंध लगानेवाले कानून को लागू किया। कमला ने सीनेटर बर्नी सैंडर्स के नेतृत्व में एक बिल पर हस्ताक्षर किए, जिसका उद्देश्य सभी अमेरिकियों को मुफ्त में फेस मास्क प्रदान करना था। उन्होंने किराए में वृद्धि को रोकने, दंड और विलंब शुल्क को समाप्त करने तथा जमींदारों को क्रेडिट रिपोर्टिंग एजेंसियों को बकाया किराए की रिपोर्ट करने से रोकने के प्रस्ताव भी रखे। इसके अलावा उन्होंने एक बिल को सह-प्रायोजित किया, जो मेडिकेड कार्यक्रमों को कोविड-19 से पीड़ित लोगों के लिए अस्पताल में भर्ती, दवाओं और टीकों का भुगतान करने की अनुमति देगा, जिन्होंने बीमा नहीं कराया। इस अनिश्चित चुनावी वर्ष में कमला रिपब्लिकन-नियंत्रित सीनेट में डेमोक्रेट थीं, जिसमें वह राष्ट्रपति पद की उम्मीदवारी से भी नाम वापस लिया था। इसका मतलब यह था कि उन्होंने जिन विधेयकों को पारित करने का प्रस्ताव दिया था, उनके पारित होने की संभावना बहुत कम थी। हालाँकि प्रत्येक विधेयक इस बात का प्रमाण था कि यदि उन्हें अवसर मिले तो वे किस तरह के मुद्दों पर काम कर सकती थीं।

कमला ने सीनेटर बर्नी सैंडर्स के नेतृत्व में एक बिल पर हस्ताक्षर किए, जिसका उद्देश्य सभी अमेरिकियों को मुफ्त में फेस मास्क प्रदान करना था। उन्होंने किराए में वृद्धि को रोकने, दंड और विलंब शुल्क को समाप्त करने तथा जमींदारों को क्रेडिट रिपोर्टिंग एजेंसियों को बकाया किराए की रिपोर्ट करने से रोकने के प्रस्ताव भी रखे।

कमला ने भले ही अपना अभियान बंद कर दिया हो, लेकिन वह

अपने सपने पर अडिग थी—और अब ऐसा लग रहा था कि ब्रह्मांड भी इसे सच करने के लिए उनके साथ है। 11 अगस्त, 2020, मंगलवार को साथी राष्ट्रपति पद के उम्मीदवार जोसेफ बाइडेन ने कमला से जूम कॉल पर यह पूछने के लिए संपर्क किया कि क्या वे उनके साथ रनिंग मेट बनने में रुचि रखती हैं। 'क्या तुम काम पर चलने के लिए तैयार हो?' उन्होंने उत्साह से पूछा। 'हे भगवान्! मैं काम पर चलने के लिए पूरी तरह से तैयार हूँ।' उन्होंने जवाब दिया।[21] कमला और उनकी टीम के लिए बाइडेन का प्रस्ताव 27 जून, 2019 को बहस में उनकी आखिरी मुठभेड़ को देखते हुए आश्चर्य के रूप में आया। जो बाइडेन की पत्नी, डॉ. जिल बाइडेन, ने इस बात को विशेष रूप से अच्छी तरह नहीं लिया था और प्रतिस्पर्धा के मुद्दे पर अपने पति पर हमले को 'पेट पर मुक्का' कहा था।[22]

ऐसा नहीं है कि कमला को पता नहीं था कि वह संभावनाओं की सूची में है। जब यह बात सामने आई कि बाइडेन ने अपने साथी के रूप में एक महिला का चयन करने का फैसला किया है और उन्होंने 15 मार्च, 2020 को अपने डेमोक्रेटिक नामांकन को स्वीकार करने के लिए अपना रास्ता बनाते हुए इसकी घोषणा की तो कमला ने

ऐसा नहीं है कि कमला को पता नहीं था कि वह संभावनाओं की सूची में है। जब यह बात सामने आई कि बाइडेन ने अपने साथी के रूप में एक महिला का चयन करने का फैसला किया है और उन्होंने 15 मार्च, 2020 को अपने डेमोक्रेटिक नामांकन को स्वीकार करने के लिए अपना रास्ता बनाते हुए इसकी घोषणा की तो कमला ने महसूस किया कि उन्हें क्षति नियंत्रण के संबंध में कुछ करना होगा, जिस तरह से बाइडेन और उनके बीच बहस सामने आई थी।

महसूस किया कि उन्हें क्षति नियंत्रण के संबंध में कुछ करना होगा, जिस तरह से बाइडेन और उनके बीच बहस सामने आई थी। इसलिए जून में 'स्टीफन कोलबर्ट के साथ द लेट शो' में हैरिस ने इस बारे में एक नर्वस स्पष्टीकरण दिया कि उन्होंने प्रतिस्पर्धा में बाइडेन को चुनौती क्यों दी। 'यह एक बहस थी। एक ही कारण था—सचमुच, यह एक बहस थी। आखिर इसे वाद-विवाद कहा जाता है।'[23] जब कोलबर्ट ने उनसे बाइडेन के साथी के लिए संभावित विकल्प होने के बारे में उनकी प्रतिक्रिया के बारे में पूछा तो उन्होंने कहा, 'अगर पूछा जाए तो मैं सम्मानित महसूस कर रही हूँ और मैं बातचीत का हिस्सा हूँ, इस पर भी मुझे गर्व है। सच कहूँ तो मैं आपको कुछ बताना चाहती हूँ। मैं जो बाइडेन को जीतने में मदद करने के लिए अपनी तरफ से जो कुछ मुझसे बन पड़ेगा, करूँगी।'[24] हालाँकि उन्होंने पद के आसपास प्रचार या गुटबाजी नहीं की, कमला को पता था कि वे प्रतिस्पर्धा में थीं। कमला ने यह भी सुनिश्चित किया कि बाइडेन को पता चले कि अगर नस्ल और आपराधिक न्याय के मुद्दों पर, जिसके बारे में वे भावुक थीं, उनमें मतभेद पैदा होते हैं तो बाइडेन के विचारों को प्राथमिकता दी जाएगी। बाइडेन की टीम द्वारा जिन अश्वेत महिलाओं पर विचार किया जा रहा था, उनमें कमला को एकमात्र ऐसी महिला होने का फायदा था, जिसके

जब कोलबर्ट ने उनसे बाइडेन के साथी के लिए संभावित विकल्प होने के बारे में उनकी प्रतिक्रिया के बारे में पूछा तो उन्होंने कहा, 'अगर पूछा जाए तो मैं सम्मानित महसूस कर रही हूँ और मैं बातचीत का हिस्सा हूँ, इस पर भी मुझे गर्व है। सच कहूँ तो मैं आपको कुछ बताना चाहती हूँ। मैं जो बाइडेन को जीतने में मदद करने के लिए अपनी तरफ से जो कुछ मुझसे बन पड़ेगा, करूँगी।

पास प्रमुख राज्य व्यापी प्रतियोगिता जीतने और राष्ट्रीय अभियान में भाग लेने का अनुभव था।

बाइडेन ने हमेशा सभी राजनीतिक मामलों के लिए उनके व्यावहारिक और निडर दृष्टिकोण की प्रशंसा की है। उनके दिवंगत बेटे ब्यू, जिनका 2015 में ब्रेन कैंसर के कारण निधन हो गया था, उनकी भी कमला के बारे में बहुत अच्छी राय थी, जिसने बाइडेन की पसंद को मुख्य रूप से प्रभावित किया। ब्यू उनके काम करने के तरीके से प्रभावित था, विशेष रूप से एक राज्य अटॉर्नी जनरल के रूप में, जब उन्होंने 2011 और 2012 में बैंकों को फौजदारी के पीड़ितों की मदद करने के लिए चुनौती दी थी। बाइडेन ने चयन के बाद कहा, 'मैंने ब्यू से ज्यादा किसी की राय को महत्त्व नहीं दिया है और मुझे इस अभियान पर कमला के साथ खड़े होने पर गर्व है।'[25]

बाइडेन ने हमेशा सभी राजनीतिक मामलों के लिए उनके व्यावहारिक और निडर दृष्टिकोण की प्रशंसा की है। उनके दिवंगत बेटे ब्यू, जिनका 2015 में ब्रेन कैंसर के कारण निधन हो गया था, उनकी भी कमला के बारे में बहुत अच्छी राय थी, जिसने बाइडेन की पसंद को मुख्य रूप से प्रभावित किया।

'ब्लैक लाइव्स मैटर आंदोलन' का समय भी बाइडेन के लिए एक महत्त्वपूर्ण कारक हो सकता है कि उन्होंने अपने साथी के रूप में आधे-भारतीय, आधे-जमैका कमला को लेने पर विचार किया—यह व्हाइट हाउस में कुछ विविधता का प्रतिनिधित्व करने का समय था। ब्लैक लाइव्स मैटर आंदोलन संयुक्त राज्य भर में अश्वेत नागरिकों पर पुलिस अत्याचारों के विरोध में शुरू हुआ था। 25 मई, 2020 को मिनियापोलिस

निवासी जॉर्ज फ्लॉयड की मौत एक पुलिस अधिकारी के घुटने के नीचे 8 मिनट, 46 सेकंड के लिए साँस लेने की अनुमति देने के लिए भीख माँगते हुए हुई। पुलिस ने लापरवाही से उसकी पुकार को अनसुना कर दिया। उनका अपराध 20 डॉलर के नकली बिल के साथ सिगरेट का एक पैकेट खरीदना था। सिर्फ दो महीने पहले लुइसविले, केंटकी में पुलिस ने गलती से 26 वर्षीय आपातकालीन कक्ष तकनीशियन ब्रायो टेलर की गोली मारकर हत्या कर दी थी, जब वह अपने बिस्तर पर थी। पुलिस ने दावा किया कि उन्हें लगा कि वे ड्रग डीलरों के घर पर छापेमारी कर रहे हैं। जॉर्ज फ्लॉयड की घटना के समय ब्रायो टेलर की निर्मम हत्या देश की स्मृति में अभी भी ताजा थी, जिसने अभियान को और तेज कर दिया। ब्रायो टेलर की मृत्यु के बाद कमला ने ट्विटर पर शामिल पुलिस अधिकारियों की गिरफ्तारी की माँग की थी; जॉर्ज फ्लॉयड की घटना के बाद भी उन्होंने कोई समय बरबाद नहीं किया था। 'कॉस्मोपॉलिटन' के लिए प्रस्तावना में उन्होंने लिखा, 'चलो सच बोलते हैं—लोग विरोध कर रहे हैं, क्योंकि अमेरिका में अश्वेत लोगों को इनसान से कम आँका जाता है। क्योंकि हमारे देश ने कभी भी उस प्रणालीगत नस्लवाद को पूरी तरह से संबोधित नहीं किया है, जिसने हमें अपने शुरुआती दिनों से त्रस्त किया है। इसे ठीक करना

पुलिस ने दावा किया कि उन्हें लगा कि वे ड्रग डीलरों के घर पर छापेमारी कर रहे हैं। जॉर्ज फ्लॉयड की घटना के समय ब्रायो टेलर की निर्मम हत्या देश की स्मृति में अभी भी ताजा थी, जिसने अभियान को और तेज कर दिया। ब्रायो टेलर की मृत्यु के बाद कमला ने ट्विटर पर शामिल पुलिस अधिकारियों की गिरफ्तारी की माँग की थी; जॉर्ज फ्लॉयड की घटना के बाद भी उन्होंने कोई समय बरबाद नहीं किया था।

हर अमेरिकी का कर्तव्य है। अब किनारे पर रहकर हम और प्रतीक्षा नहीं कर सकते हैं कि वृद्धिशील परिवर्तन लाने होंगे। ऐसे समय में खामोशी अपराध में सहभागी होती है।' पाँच दिन बाद, उन्होंने मास्क पहना और सीधे व्हाइट हाउस में विरोध-प्रदर्शन में शामिल होने के लिए चली गईं।

कई मायनों में कमला रनिंग साथी के रूप में एक अच्छी पसंद थीं। उन्होंने जो बाइडेन को अनोखे अंदाज में पूरा किया। बाइडेन संयुक्त राज्य अमेरिका के राष्ट्रपति चुने जानेवाले अब तक के सबसे उम्रदराज व्यक्ति हैं। दूसरी ओर कमला उनसे लगभग दो दशक छोटी हैं और चीजों पर एक नया, युवा दृष्टिकोण पेश कर सकती हैं। पीढ़ीगत संतुलन के अलावा वे डेमोक्रेटिक टिकट के लिए एक वैचारिक और नस्लीय स्थिरता भी लाईं। डेमोक्रेटिक पार्टी में महिलाओं के साथ उनका घनिष्ठ संपर्क, अश्वेत लोग और हॉलीवुड के लोग भी पूर्व उपराष्ट्रपति के लिए एक अतिरिक्त लाभ के रूप में आए, क्योंकि यह धन जुटाने में मदद कर सकते थे। डेमोक्रेटिक डोनर केटी मैकग्राथ, प्रोडक्शन कंपनी बैड रोबोट के सह-मुख्य कार्यकारी अधिकारी और प्रसिद्ध निर्देशक जे.जे. अब्राम्स और उनकी पत्नी ने 'वॉल स्ट्रीट जर्नल' को बताया, 'जब आप टिकट को संतुलित करने के बारे में सोचते हैं तो वे बहुत सारे गुण लेकर आती हैं, जो मुझे लगता है कि 2020 में महत्त्वपूर्ण हैं।' हॉलीवुड पावर जोड़ी लंबे समय से उनके समर्थक रहे

कई मायनों में कमला रनिंग साथी के रूप में एक अच्छी पसंद थीं। उन्होंने जो बाइडेन को अनोखे अंदाज में पूरा किया। बाइडेन संयुक्त राज्य अमेरिका के राष्ट्रपति चुने जानेवाले अब तक के सबसे उम्रदराज व्यक्ति हैं। दूसरी ओर कमला उनसे लगभग दो दशक छोटी हैं और चीजों पर एक नया, युवा दृष्टिकोण पेश कर सकती हैं।

हैं। बाइडेन के साथ उनके साथी के रूप में उनके चयन पर कमला ने मनोरंजन उद्योग के दानदाताओं और लोगों के साथ दो दर्जन से अधिक आभासी अनुदान संचय की मेजबानी की।

CNN.com पर प्रकाशित एक राय में CNN की राजनीतिक आलोचक और 'SE Cupp: Unfiltered' की होस्ट सारा एलिजाबेथ कप ने सुझाव दिया कि डोनाल्ड ट्रंप को हराने के लिए बाइडेन को कमला के साथ जोड़ी बनानी होगी। पसंद की व्यवहार्यता बहुत अधिक थी, क्योंकि अन्य सभी संभावित उम्मीदवार 'बहुत भार या अलग-थलग करनेवाले गुणों' के साथ आए थे। उन्होंने प्रामाणिकता कारक पर भी प्रकाश डाला। 'हैरिस के साथ बाइडेन ने अपना पैसा अपने ही मुँह में डाला। यह कहना एक बात है कि आप नस्लवाद को समाप्त करना चाहते हैं, यह दूसरी बात है कि आप एक महिला को उस टिकट पर लाते हैं, जो इसे अपनी प्राथमिकता बनाएगी। अगर वे वास्तव में उन्हें ऐसा करने के लिए सशक्त बनाते हैं, उन मुद्दों पर आवाज उठाने के लिए जो खुद को भी अधिक शक्तिशाली और बेहतर बनाता है तो यह बाएँ और दाएँ, युवा और बूढ़े, श्वेत और अश्वेत सफेद सभी अमेरिकियों को आश्वस्त करने की दिशा में एक लंबा सफर तय कर सकते हैं कि एक

CNN.com पर प्रकाशित एक राय में CNN की राजनीतिक आलोचक और 'SE Cupp: Unfiltered' की होस्ट सारा एलिजाबेथ कप ने सुझाव दिया कि डोनाल्ड ट्रंप को हराने के लिए बाइडेन को कमला के साथ जोड़ी बनानी होगी। पसंद की व्यवहार्यता बहुत अधिक थी, क्योंकि अन्य सभी संभावित उम्मीदवार 'बहुत भार या अलग-थलग करनेवाले गुणों' के साथ आए थे। उन्होंने प्रामाणिकता कारक पर भी प्रकाश डाला।

वृद्ध श्वेत व्यक्ति वास्तव में नस्लीय न्याय के एक नए युग की शुरुआत करने में मदद करने में रुचि रखता है।'

बी.बी.सी. की एक रिपोर्ट के अनुसार, 2013 में कमला के संचार निदेशक, गिल दुरान, जिन्होंने राष्ट्रपति पद के नामांकन के लिए उनके प्रतिस्पर्धा की आलोचना की थी, उन्होंने टिप्पणी की, 'यह कमला हैरिस के लिए भाग्य का एक बड़ा उलटफेर है। बहुत से लोगों को नहीं लगता था कि उनके पास व्हाइट हाउस में इतनी जल्दी किसी पद पर पहुँचने के लिए आवश्यक अनुशासन और ध्यान केंद्रित करने की क्षमता है; हालाँकि लोगों को पता था कि उनमें महत्त्वाकांक्षा और अपूर्व क्षमता है। यह हमेशा स्पष्ट था कि उनके पास प्राकृतिक प्रतिभा थी।'[26]

नौकरी के लिए 20 उम्मीदवारों पर विचार करने और अंतत: सूची को 11 तक सीमित करने के बाद बाइडेन को यकीन हो गया था कि वे कमला ही हैं। पुनरीक्षण कमेटी ने 12 अगस्त, 2020 को सी.बी.एस. न्यूज में प्रकाशित एक बयान में कहा कि कमला हैरिस 'डोनाल्ड ट्रंप द्वारा बनाई गई अराजकता से हमारे देश का नेतृत्व करने में उनकी मदद करने के लिए सबसे अच्छी गवर्निंग पार्टनर होंगी।'

अपने नाम की घोषणा के कुछ ही घंटों के भीतर, बाइडेन के अभियान ने 10 मिलियन डॉलर से अधिक जुटा लिये। उनके निर्णय ने एक आकर्षण की तरह काम किया था।

□

9

जीतने के लिए रेस

"इससे कोई फर्क नहीं पड़ता कि आपने किसे वोट दिया, मैं ऐसी उपराष्ट्रपति बनने का प्रयास करूँगी, जैसे जो राष्ट्रपति ओबामा के लिए थे—वफादार, ईमानदार और तैयार, हर दिन आपके और आपके परिवारों के बारे में सोचते हुए उठना।"

—**कमला हैरिस**, *इंस्टाग्राम पोस्ट, 2020*

और अब यह शो टाइम था।

कमला के राष्ट्रपति अभियान में महीनों की मेहनत पूरी तरह से बेकार नहीं गई थी। कमला एक मजबूत आवाज के रूप में उभरी थीं—लोगों की और लोगों के लिए आवाज। लेकिन किसी और चीज से ज्यादा वे धैर्य से जुड़ी हुई थीं। उन्हें अपने टिकट पर रखकर राष्ट्रपति पद के उम्मीदवार जो बाइडेन ने उन्हें फिर से सुर्खियों में ला दिया था। 2009 से 2017 तक लगभग एक दशक तक संयुक्त राज्य अमेरिका के उपराष्ट्रपति के रूप में कार्य करने के बाद बाइडेन को पता था कि वे क्या ढूँढ़ रहे हैं—कोई ऐसा व्यक्ति, जिसके पास वे सभी गुण हों, जो उस पद को ठीक वैसे सँभाले, जैसे उन्होंने इतने लंबे समय तक सँभाला था। 12 अगस्त, 2020 को कमला को उपराष्ट्रपति पद के उम्मीदवार के रूप में घोषित करने के एक दिन बाद, दोनों ने अपने अभियानों का समर्थन करने के लिए एक साथ अपनी पहली सार्वजनिक उपस्थिति दर्ज की। ए.पी. न्यूज की रिपोर्ट में आगे कहा गया, 'जब वे बुधवार (को) पहली बार एक साथ दौड़नेवाले साथी के रूप में दिखाई दिए तो बाइडेन और हैरिस ने इस क्षण के महत्त्व पर विचार किया।' बाइडेन ने कहा, 'आज सुबह, पूरे देश में छोटी लड़कियाँ जागीं—विशेष रूप से छोटी अश्वेत लड़कियाँ, जो अकसर अपने समुदायों में उपेक्षित और कमतर महसूस करती हैं। लेकिन आज, आज, बस हो सकता है, वे पहली बार खुद को नए तरीके से देख रही हैं।'[1] 18 अगस्त, 2020 डेमोक्रेटिक

नेशनल कन्वेंशन की दूसरी रात, पार्टी ने आधिकारिक तौर पर राष्ट्रपति पद के लिए बाइडेन को नामित किया। इसने उन्हें 1984 में वाल्टर मोंडेल के बाद राष्ट्रपति पद के लिए नामांकित होनेवाले पहले गैर-पदाधिकारी उपराष्ट्रपति बना दिया। इसने कमला को उपराष्ट्रपति पद के लिए नामांकित होनेवाली पहली भारतीय अमेरिकी और पहली महिला अफ्रीकी अमेरिकी भी बना दिया।

दो रात बाद अपना नामांकन स्वीकार करते हुए बाइडेन ने एक स्वीकृति भाषण दिया, जिसे मीडिया द्वारा बहुत सराहा गया। उन्होंने अपनी अलगाववादी राजनीति के लिए ट्रंप प्रशासन की आलोचना की। 'मौजूदा राष्ट्रपति ने बहुत लंबे समय से अमेरिका को अँधेरे में बंद कर रखा है। बहुत ज्यादा गुस्सा। बहुत ज्यादा डर।

दो रात बाद अपना नामांकन स्वीकार करते हुए बाइडेन ने एक स्वीकृति भाषण दिया, जिसे मीडिया द्वारा बहुत सराहा गया। उन्होंने अपनी अलगाववादी राजनीति के लिए ट्रंप प्रशासन की आलोचना की। 'मौजूदा राष्ट्रपति ने बहुत लंबे समय से अमेरिका को अँधेरे में बंद कर रखा है। बहुत ज्यादा गुस्सा। बहुत ज्यादा डर। बहुत ज्यादा विभाजन। यहाँ और अभी, मैं आपको वचन देता हूँ—यदि आप मुझे प्रेसीडेंसी सौंपते हैं तो मैं हममें से सर्वश्रेष्ठ को आकर्षित करूँगा, न कि सबसे बुरे को। मैं रोशनी का साथ दूँगा, अँधेरे का नहीं। यह हमारे लिए, हम लोगों के लिए, एक साथ आने का समय है।' उन्होंने कोरोना वायरस संकट को सँभालने में ट्रंप की अक्षमता और देश को जिस आर्थिक आपातकाल का सामना करना पड़ रहा था, उसे सब के सामने लाए, जिसका परिणाम रहा—'5 मिलियन अमेरिकी कोविड-19 से संक्रमित थे। 1,70,000 से अधिक अमेरिकी मारे गए हैं।'

उपराष्ट्रपति पद के नामांकन के अपने चयन पर उन्होंने कहा, 'मुझे यह अकेले नहीं करना पड़ेगा, क्योंकि मेरे पास एक महान् उपराष्ट्रपति होगा। सीनेटर कमला हैरिस। वे इस देश के लिए एक शक्तिशाली आवाज हैं। उनकी कहानी अमेरिकी कहानी है। वे हमारे देश में इतने सारे लोगों के रास्ते में आनेवाली सभी बाधाओं के बारे में जानती हैं। महिलाएँ, अश्वेत महिलाएँ, अश्वेत अमेरिकी, दक्षिण एशियाई अमेरिकी, आप्रवासी, सब त्यागे गए।

'लेकिन उन्होंने हर उस बाधा को पार किया है, जिसका उन्होंने कभी सामना किया था। बड़े बैंकों या गन लॉबी पर कोई भी सख्त नहीं रहा। इस मौजूदा प्रशासन को इसके उग्रवाद, कानून का पालन करने में इसकी विफलता और सच बताने में इसकी विफलता को इतनी कठोरता से किसी ने नहीं कहा है।'

उपराष्ट्रपति पद के नामांकन के अपने चयन पर उन्होंने कहा, 'मुझे यह अकेले नहीं करना पड़ेगा, क्योंकि मेरे पास एक महान् उपराष्ट्रपति होगा। सीनेटर कमला हैरिस। वे इस देश के लिए एक शक्तिशाली आवाज हैं। उनकी कहानी अमेरिकी कहानी है। वे हमारे देश में इतने सारे लोगों के रास्ते में आनेवाली सभी बाधाओं के बारे में जानती हैं।

इसके विपरीत कमला के उपराष्ट्रपति पद के उम्मीदवार के रूप में नामांकन पर प्रतिक्रिया देते हुए ट्रंप ने उन्हें 'सबसे घटिया' और 'सबसे भयानक' बताया। यह आश्चर्य की बात थी कि एक निजी नागरिक के रूपं में और राष्ट्रपति बनने से पहले ट्रंप और उनकी बेटी ने अटॉर्नी जनरल के पद के लिए कमला के अभियानों के लिए दान दिया था। वे स्पष्ट रूप से एक अश्वेत महिला, एक अश्वेत महिला, जिसने सीनेट में उनके प्रशासन को तोड़–मरोड़कर

पेश किया था, के इस तरह के पद पर आने की संभावना पर नाराज थे। प्रचार के आखिरी कुछ हफ्तों के दौरान, ट्रंप ने भी बाइडेन से कमला पर ध्यान केंद्रित किया, क्योंकि चुनाव उनके खिलाफ होने लगे थे। उसके नाम का मजाक उड़ाते से लेकर उनकी हँसी का भी मजाक उड़ाने और उसे 'अक्षम' कहने तक, उसे नीचा दिखाने का हरसंभव प्रयास किया। पेंसिल्वेनिया में एक चुनावी रैली के दौरान उन्होंने भीड़ से कहा, 'वे पहली महिला राष्ट्रपति नहीं होंगी···आप ऐसा नहीं होने दे सकते।' 'मैंने कहा, 'क्या उसमें कोई खराबी है?' गंभीर प्रश्नों को लेकर आप जानते हैं, वे बहुत हँसती रहती हैं।' लेकिन कमला शायद ही विचलित हुईं। वे बड़ी जीत के लिए अपनी जानी-मानी हँसी हँसती रहीं।

पेंसिल्वेनिया में एक चुनावी रैली के दौरान उन्होंने भीड़ से कहा, 'वे पहली महिला राष्ट्रपति नहीं होंगी···आप ऐसा नहीं होने दे सकते।' 'मैंने कहा, 'क्या उसमें कोई खराबी है?' गंभीर प्रश्नों को लेकर आप जानते हैं, वे बहुत हँसती रहती हैं।' लेकिन कमला शायद ही विचलित हुईं। वे बड़ी जीत के लिए अपनी जानी-मानी हँसी हँसती रहीं।

पूर्व राष्ट्रपति बराक ओबामा ने बड़े उत्साह के साथ 'बाइडेन-हैरिस अभियान' का समर्थन किया, ऐसा लग रहा था कि यह जोड़ी जीत के लिए तैयार है। जब कमला को उपराष्ट्रपति पद के उम्मीदवार के रूप में घोषित किया गया तो ओबामा ने ट्वीट किया—'मैं सीनेटर@कमला हैरिस को लंबे समय से जानता हूँ। वे अपने काम के लिए जरूरत से कहीं ज्यादा तैयार हैं। उन्होंने अपना कॅरियर हमारे संविधान की रक्षा करने और उन लोगों के लिए लड़ने में बिताया है, जिन्हें वाकई झकझोरने की जरूरत है। यह हमारे देश के लिए एक अच्छा दिन है। अब चलो, इस टीम को जिताते हैं।' ओबामा को यकीन

था कि उनके पूर्व उपराष्ट्रपति, जिनके साथ उन्होंने मजबूत रिश्ता साझा किया था, वे कोविड संकट से निपटने में कुशल साबित होंगे और ट्रंप की तरह चीजों को गड़बड़ नहीं करेंगे। ऑरलैंडो, फ्लोरिडा में ड्राइव-इन रैली में उन्होंने कहा, 'वे वैज्ञानिकों को बेवकूफ नहीं कहेंगे। वे व्हाइट हाउस में एक सुपर-स्प्रेडर प्रोग्राम की मेजबानी नहीं करेंगे और फिर इसे पूरे देश के दौरे पर ले जाएँगे!'

महामारी के जोरदार प्रहार के साथ, इस बार के राष्ट्रपति अभियान पहले वाले से थोड़े अलग थे। लोगों से भरे बड़े, पारंपरिक अभियान नहीं होंगे। कई तय कार्यक्रमों को भी स्थगित कर दिया गया था, जबकि बहुत सी काररवाई वर्चुअल हो गई थी। फिर भी काम किया जाना था और ज्यादा समय नहीं था।

पहली राष्ट्रपति बहस 29 सितंबर, 2020 को क्लीवलैंड क्लीनिक में ट्रंप और बाइडेन के बीच आयोजित की गई थी और 'फॉक्स न्यूज' के क्रिस वालेस द्वारा संचालित की गई थी। अब उपराष्ट्रपति की बहस का समय था। कमला हैरिस और माइक पेंस ने 7 अक्तूबर, 2020 को 'यू.एस.ए. टुडे' के वाशिंगटन ब्यूरो प्रमुख सुसान पेज के साथ मध्यस्थ की भूमिका निभाते हुए एक-दूसरे का सामना किया। बाइडेन और ट्रंप के बीच बहस के

पहली राष्ट्रपति बहस 29 सितंबर, 2020 को क्लीवलैंड क्लीनिक में ट्रंप और बाइडेन के बीच आयोजित की गई थी और 'फॉक्स न्यूज' के क्रिस वालेस द्वारा संचालित की गई थी। अब उपराष्ट्रपति की बहस का समय था। कमला हैरिस और माइक पेंस ने 7 अक्तूबर, 2020 को 'यू.एस.ए. टुडे' के वाशिंगटन ब्यूरो प्रमुख सुसान पेज के साथ मध्यस्थ की भूमिका निभाते हुए एक-दूसरे का सामना किया।

विपरीत, इस बहस को काफी हद तक एक नागरिक विनिमय के रूप में देखा गया था (एक समाचार पोर्टल ने ट्रंप की ओर से 71 रुकावटों और बाइडेन की ओर से 22 की सूचना दी थी)। कमला ने पेंस के मुकाबले लगभग आधे ही बाधित किए। बहस के दौरान, विशेष रूप से सोशल मीडिया पर नारीवादियों द्वारा बहुत सराहना की गई, जब कमला ने बार-बार टोक रहे माइक पेंस को बस मुसकराते हुए कहा, ‘मिस्टर वाइस प्रेसिडेंट, मैं बोल रही हूँ···अगर आप मुझे अपनी बात पूरी करने दें, फिर हम बातचीत कर सकते हैं।’ मध्यस्थ के दो मिनट की सीमा के प्रति सचेत रहने के लिए कहने के प्रयासों को देखते हुए पेंस ने भी अपने आवंटित समय से अधिक बार बोलना जारी रखा। सी.एन.एन. द्वारा पंजीकृत मतदाताओं के एक सर्वेक्षण में पाया गया कि 59 प्रतिशत मतदाताओं ने सोचा कि कमला जीत गई हैं, जबकि 38 प्रतिशत ने सोचा कि विजेता पेंस थे।

बी.बी.सी. पर उपराष्ट्रपति की बहस की कवरेज और विश्लेषण रिपोर्ट के अनुसार, ‘सुश्री हैरिस रुकावटों के लिए ‘स्पष्ट रूप से तैयार’ थीं,’ जॉर्जटाउन विश्वविद्यालय में भाषा विज्ञान के प्रोफेसर और भाषा के उपयोग में लिंग अंतर के विशेषज्ञ डेबोरा टैनन कहते हैं। ‘मिस्टर वाइस प्रेसिडेंट’ कहकर वे ‘सम्मानजनक’ व्यक्ति के रूप में सामने आईं, जबकि ‘मैं बोल रही हूँ’···

बी.बी.सी. पर उपराष्ट्रपति की बहस की कवरेज और विश्लेषण रिपोर्ट के अनुसार, ‘सुश्री हैरिस रुकावटों के लिए ‘स्पष्ट रूप से तैयार’ थीं,’ जॉर्जटाउन विश्वविद्यालय में भाषा विज्ञान के प्रोफेसर और भाषा के उपयोग में लिंग अंतर के विशेषज्ञ डेबोरा टैनन कहते हैं। ‘मिस्टर वाइस प्रेसिडेंट’ कहकर वे ‘सम्मानजनक’ व्यक्ति के रूप में सामने आईं, जबकि ‘मैं बोल रही हूँ’ उस तरह से दोषारोपण नहीं कर रही थीं, जितना

कि 'मुझे टोकना बंद करो' होता। स्पष्ट रूप से पूरी बहस के दौरान उनकी चुनौती आक्रामक रूप से सामने आने से बचने की थी।' स्पष्ट कारणों से, वे सीनेट में ट्रंप प्रशासन के अधिकारियों से सवाल-जवाब सत्रों के दौरान प्राप्त समीक्षाओं के बारे में जागरूक हो सकती हैं। यह जानते हुए कि दाँव इतना ऊँचा था, उन्होंने समझदारी से 'आक्रामक' और 'अपमानजनक' जैसे टैग से दूरी बना ली।

31 अक्तूबर, 2020 को सैन एंटोनियो से ऑस्टिन के रास्ते में जो बाइडेन अभियान की बस थी। पूर्व राज्य सीनेटर वेंडी डेविस और कई अभियान कर्मचारियों को लेकर जा रही बस का अंतरराज्यीय 35 में कारों के एक समूह द्वारा पीछा किया गया, जिनके कुछ यात्रियों ने डोनाल्ड ट्रंप के झंडे लहराए। नतीजतन बाइडेन अभियान टीम को ऑस्टिन में दो तय प्रोग्रामों को रद्द करना पड़ा।

जल्द ही उलटी गिनती का समय आ गया था, जब चुनाव-प्रचार और चुनाव के बीच केवल एक महीने का समय रह गया था। चुनाव होने के केवल तीन दिन पहले अभियान के अंत में टेक्सास में एक घटना ने कुछ विवाद पैदा कर दिया। 31 अक्तूबर, 2020 को सैन एंटोनियो से ऑस्टिन के रास्ते में जो बाइडेन अभियान की बस थी। पूर्व राज्य सीनेटर वेंडी डेविस और कई अभियान कर्मचारियों को लेकर जा रही बस का अंतरराज्यीय 35 में कारों के एक समूह द्वारा पीछा किया गया, जिनके कुछ यात्रियों ने डोनाल्ड ट्रंप के झंडे लहराए। नतीजतन बाइडेन अभियान टीम को ऑस्टिन में दो तय प्रोग्रामों को रद्द करना पड़ा। अगले दिन यह घोषणा की गई कि इस घटना को हलके में नहीं लिया जाएगा और इसकी जाँच के लिए एफ.बी.आई. को लाया जा रहा है। एक रैली में ट्रंप ने एफ.बी.आई. के शामिल होने

के फैसले की निंदा की। उन्होंने अपनी आलोचना व्यक्त करने के लिए ट्विटर का सहारा लिया। 'मेरी राय में इन देशभक्तों ने कुछ भी गलत नहीं किया। बजाय इसके, एफ.बी.आई. और न्याय को अंतिफा के आतंकवादियों, अराजकतावादियों और आंदोलनकारियों की जाँच करनी चाहिए, जो हमारे डेमोक्रेट संचालित शहरों को जलाने और हमारे लोगों को चोट पहुँचाने के लिए इधर-उधर भागते हैं!'

□

बाइडेन के समर्थकों की सूची लंबी थी—लगभग हर डेमोक्रेटिक उम्मीदवार, जिन्होंने राष्ट्रपति पद की दौड़ छोड़ दी थी, उसने उनका समर्थन किया था। सूची में कुछ विद्रोही रिपब्लिकन के नाम शामिल थे, जो ट्रंप की स्वच्छंदता से तंग आ चुके थे। स्वाभाविक रूप से जनमत सर्वेक्षणों ने राष्ट्रपति पद के उम्मीदवार के रूप में बाइडेन के लिए राष्ट्रव्यापी समर्थन को दरशाया।

बाइडेन के समर्थकों की सूची लंबी थी—लगभग हर डेमोक्रेटिक उम्मीदवार, जिन्होंने राष्ट्रपति पद की दौड़ छोड़ दी थी, उसने उनका समर्थन किया था। सूची में कुछ विद्रोही रिपब्लिकन के नाम शामिल थे, जो ट्रंप की स्वच्छंदता से तंग आ चुके थे। स्वाभाविक रूप से जनमत सर्वेक्षणों ने राष्ट्रपति पद के उम्मीदवार के रूप में बाइडेन के लिए राष्ट्रव्यापी समर्थन को दरशाया। सामान्य तौर पर 2020 में किए गए जनमत सर्वेक्षणों ने संकेत दिया कि आम चुनाव मैचअप में राष्ट्रीय स्तर पर ट्रंप पर बाइडेन भारी थे।

अगस्त की शुरुआत में किए गए एक राष्ट्रीय सर्वेक्षण में बाइडेन को 3 प्रतिशत आगे दिखाया गया। आयोवा के एक सर्वेक्षण ने निष्कर्ष निकाला कि ट्रंप बाइडेन से 48 प्रतिशत से 45 प्रतिशत तक आगे चल रहे

हैं, जोकि 2016 में ट्रंप के राज्य में जीत की तुलना में छह अंक कम था। कमला के सामने आने के बाद तीन राष्ट्रीय चुनावों में बाइडेन मतदान ट्रंप से आगे दिखाए गए थे। 'फॉक्स न्यूज' के मुताबिक, बाइडेन ट्रंप से 49 फीसदी-42 फीसदी आगे चल रहे थे, जबकि एन.बी.सी. न्यूज/'वॉल स्ट्रीट जर्नल' ने 50 फीसदी-41 फीसदी के बड़े अंतर से दिखाया। 'सी.एन.एन.' के समाचार पोर्टल पर प्रकाशित एक सर्वेक्षण विश्लेषण ने दिलचस्प और विरोधाभासी परिणाम दिखाए, जिसमें सभी को केवल पूर्वानुमान के नतीजों के आधार पर न जाने की चेतावनी दी गई। 'इस चक्र के लिए 2016 के परिणाम का निष्कर्ष यह है कि आम जनता बाइडेन को स्पष्ट रूप से आगे दिखाते हुए मतदान को नहीं मानती है। उन्हें लगता है कि ट्रंप जीतेंगे।' रिपोर्ट में कहा गया है। 'प्यू रिसर्च सेंटर पोल···बेहतर दरशाता है कि क्या चल रहा है। गणना ने ट्रंप के मुकाबले बाइडेन को 8 अंक अधिक दिए हैं, जो औसत और चर्चा किए गए इप्सोस पोल के समान था। फिर भी उसी सर्वेक्षण में पाया गया कि अमेरिकियों को विश्वास था कि ट्रंप चुनाव में बाइडेन को 51 प्रतिशत से 46 प्रतिशत के अंतर से हरा देंगे। (मतदाताओं के बीच यह ट्रंप के पक्ष में 50 प्रतिशत से 48 प्रतिशत तक फैला हुआ था।) सर्वेक्षण इंगित करता है कि मतदाता या तो मानते हैं कि ट्रंप दोबारा राष्ट्रपति बनेंगे या

'सी.एन.एन.' के समाचार पोर्टल पर प्रकाशित एक सर्वेक्षण विश्लेषण ने दिलचस्प और विरोधाभासी परिणाम दिखाए, जिसमें सभी को केवल पूर्वानुमान के नतीजों के आधार पर न जाने की चेतावनी दी गई। 'इस चक्र के लिए 2016 के परिणाम का निष्कर्ष यह है कि आम जनता बाइडेन को स्पष्ट रूप से आगे दिखाते हुए मतदान को नहीं मानती है। उन्हें लगता है कि ट्रंप जीतेंगे।'

सर्वेक्षण गलत है।' रिपोर्ट इसी के साथ समाप्त हुई। अब साफ हो गया था कि कुछ भी हो सकता है। ट्रंप को अभी तक बंद डिब्बे में नहीं डाला जा सकता है।

सितंबर में बाद में किए गए 'वाशिंगटन पोस्ट'/ए.बी.सी. न्यूज के सर्वेक्षण में बाइडेन और कमला की बढ़त 53 फीसदी-43 फीसदी थी। यह हासिल करने के लिए एक अच्छा मार्जिन था। एन.बी.सी. न्यूज/'वॉल स्ट्रीट जर्नल' की रिपोर्टिंग के साथ यह संख्या बेहतर होती चली गई, जिसमें बाइडेन ने 53 फीसदी-39 फीसदी की बढ़त दर्ज की। 2 अक्तूबर को ट्रंप ने ट्विटर पर घोषणा की कि वे कोरोना वायरस से संक्रमित हो गए हैं। कुछ लोगों ने इसे वोटरों की सहानुभूति हासिल करने का कदम बताया। 3 नवंबर को होनेवाले चुनाव के लिए एक महीने से भी कम समय के साथ 7 अक्तूबर को एक सी.एन.एन. सर्वेक्षण ने बाइडेन को 16 प्रतिशत से आगे दिखाया और एक सप्ताह पहले 'ओपिनियम रिसर्च'/'गार्जियन पोल' में मार्जिन 17 प्रतिशत था। 'हमने कर दिखाया, हमने कर दिखाया, जो। आप संयुक्त राज्य अमेरिका के अगले राष्ट्रपति बनने जा रहे हैं!' कमला ने 7 नवंबर को ट्रैकसूट पहने, शायद ठीक एक्सरसाइज के बाद और एक हाथ में अपने ईयरफोन पकड़े हुए बाइडेन को कॉल करते हुए अपना एक वीडियो पोस्ट किया। अविश्वसनीय बधाई फोन कॉल के

सितंबर में बाद में किए गए 'वाशिंगटन पोस्ट'/ए.बी.सी. न्यूज के सर्वेक्षण में बाइडेन और कमला की बढ़त 53 फीसदी-43 फीसदी थी। यह हासिल करने के लिए एक अच्छा मार्जिन था। एन.बी.सी. न्यूज/'वॉल स्ट्रीट जर्नल' की रिपोर्टिंग के साथ यह संख्या बेहतर होती चली गई, जिसमें बाइडेन ने 53 फीसदी-39 फीसदी की बढ़त दर्ज की।

दौरान उन्होंने जिस हार्दिक हँसी के साथ राष्ट्रपति चुने गए बाइडेन का अभिवादन किया, उससे पता चलता है कि चमचमाती बुद्धि और हास्य उनके व्यक्तित्व का उतना ही हिस्सा था, जितना कि उनका धैर्य। ट्रंप जूनियर ने एक बार ट्वीट किया था, 'कमला हैरिस एकमात्र ऐसी व्यक्ति क्यों हैं, जो अपने चुटकुलों पर हँसती हैं, हमेशा बहुत लंबी और बहुत अधिक? हिलेरी के बाद राजनीति में सबसे कपटी व्यक्ति¨।' उन्होंने कमला के हँसते हुए एक वीडियो क्लिप को शामिल किया था, जब एक रिपोर्टर ने उनसे पूछा था, 'आप अपने आप को कैसे वर्णित करती हैं?' राष्ट्रपति के बेटे को कमला की प्रसिद्ध प्रतिक्रिया ने सुर्खियाँ बटोरीं—'आपको तब तक जोक को समझ नहीं पाएँगे, जब तक आप इसके साथ बड़े न हुए हों।' ट्विटर उस दिन भर गया था, जिसमें यूजर्स ने एक साधारण जलन के साथ उसके साहसिक जवाब की सराहना की। यह लगभग एक साल पहले 2019 में हुआ था। परिणामों के दिन ट्विटर फिर से जीवंत हो जाएगा, जब राजनेताओं, मशहूर हस्तियों, खिलाड़ियों और आम लोगों के बधाई संदेश आएँगे, जिन्होंने अपनी पसंद को चुना होगा। वे अब इस बात से निश्चिंत थे कि दोनों हैरिस बहनों की हार्दिक हँसी अब व्हाइट हाउस में प्रतिदिन सुनी जाएगी।

ट्विटर उस दिन भर गया था, जिसमें यूजर्स ने एक साधारण जलन के साथ उसके साहसिक जवाब की सराहना की। यह लगभग एक साल पहले 2019 में हुआ था। परिणामों के दिन ट्विटर फिर से जीवंत हो जाएगा, जब राजनेताओं, मशहूर हस्तियों, खिलाड़ियों और आम लोगों के बधाई संदेश आएँगे, जिन्होंने अपनी पसंद को चुना होगा।

दोनों को बधाई देने के लिए विभिन्न सोशल मीडिया प्लेटफॉर्म पर दुनिया के नेता शामिल हुए। यूनाइटेड किंगडम के प्रधानमंत्री बोरिस

जॉनसन ने एक ट्वीट में कहा, 'जो बाइडेन को संयुक्त राज्य के राष्ट्रपति के रूप में चुने जाने पर और कमला हैरिस को उनकी ऐतिहासिक उपलब्धि पर बधाई। अमेरिका हमारा सबसे महत्त्वपूर्ण सहयोगी है और मैं जलवायु परिवर्तन से लेकर व्यापार और सुरक्षा तक हमारी साझा प्राथमिकताओं पर मिलकर काम करने के लिए उत्सुक हूँ।' भारतीय प्रधानमंत्री नरेंद्र मोदी ने ट्वीट किया—'हार्दिक बधाई, कमला हैरिस! आपकी सफलता पथ-प्रदर्शक है और न केवल आपकी चिट्ठियों के लिए, बल्कि सभी भारतीय अमेरिकियों के लिए भी बहुत गर्व की बात है। मुझे विश्वास है कि आपके समर्थन और नेतृत्व से भारत-अमेरिका संबंध और भी मजबूत होंगे।'[2] दिलचस्प बात यह है कि रिपोर्ट बताती है कि कमला भारत के लिए प्रासंगिक कई मुद्दों के खिलाफ मुखर रही हैं, जैसे कि धारा-370 की समाप्ति के बाद कश्मीर में मानवाधिकारों का उल्लंघन। अक्तूबर 2019 में एक प्रेस कॉन्फ्रेंस में उन्होंने कहा था, 'हमें कश्मीरियों को याद दिलाना होगा कि वे दुनिया में अकेले नहीं हैं। हम स्थिति पर नजर बनाए हुए हैं। अगर स्थिति माँग करती है तो हस्तक्षेप करने की आवश्यकता है।'[3] यह देखा जाना बाकी है कि इस मुद्दे पर मौजूदा सरकारों के बीच क्या बात होगी।

> ***भारतीय प्रधानमंत्री नरेंद्र मोदी ने ट्वीट किया—'हार्दिक बधाई, कमला हैरिस! आपकी सफलता पथ-प्रदर्शक है और न केवल आपकी चिट्ठियों के लिए, बल्कि सभी भारतीय अमेरिकियों के लिए भी बहुत गर्व की बात है। मुझे विश्वास है कि आपके समर्थन और नेतृत्व से भारत-अमेरिका संबंध और भी मजबूत होंगे।'***

साथ ही दोनों को बधाई देते हुए जीवन के सभी क्षेत्रों की हस्तियाँ थीं।

ग्वेनेथ पाल्ट्रो ने इंस्टाग्राम पर कमला हैरिस के साथ अपनी एक तसवीर साझा करते हुए कहा, 'दुनिया भर में महिलाओं के लिए एक महत्त्वपूर्ण दिन, क्योंकि @kamalaharris ने इतिहास बनाया है। बधाई हो उपराष्ट्रपति महोदया।'

माइकल जॉर्डन ने भी विजेता जोड़ी की एक तसवीर साझा करते हुए इंस्टाग्राम पर कहा, 'आइए, राष्ट्रपति Elect@joebiden और उपराष्ट्रपति Elect@ KamalaHarris का जश्न मनाएँ...और काम पर लग जाएँ। #46 न्याय मतपत्र पर था। लेकिन अब यह टेबल पर है। बातचीत शुरू होने दें।'

ओपरा विनफ्रे ने इस मौके पर माया एंजेलो को याद करते हुए ट्वीट किया, 'और इस तरह हम उठते हैं, जैसाकि माया हमें याद दिलाती। चरित्र उठा है। शालीनंता बढ़ी है। अमेरिका की आत्मा को रीसेट मिला है। और यह अब शुरू होता है—#BidenHarris।'

'राष्ट्रपति बाइडेन और उपराष्ट्रपति हैरिस को बधाई।' बिल गेट्स ने ट्विटर पर कहा, 'चुनाव अधिकारियों और अभियान कार्यकर्ताओं को धन्यवाद, जिन्होंने यह सुनिश्चित करने के लिए अथक प्रयास किया कि रिकॉर्ड तोड़ संख्या में अमेरिकी मतदान कर सकें और हमारे देश के लिए इस तरह के चुनौतीपूर्ण समय के दौरान इसकी गिनती हो।'

'राष्ट्रपति बाइडेन और उपराष्ट्रपति हैरिस को बधाई।' बिल गेट्स ने ट्विटर पर कहा, 'चुनाव अधिकारियों और अभियान कार्यकर्ताओं को धन्यवाद, जिन्होंने यह सुनिश्चित करने के लिए अथक प्रयास किया कि रिकॉर्ड तोड़ संख्या में अमेरिकी मतदान कर सकें और हमारे देश के

लिए इस तरह के चुनौतीपूर्ण समय के दौरान इसकी गिनती हो।' उन्होंने अपने ट्वीट में एक बात यह भी जोड़ी, 'मैं कांग्रेस में नए प्रशासन और दोनों पक्षों के नेताओं के साथ काम करने के लिए तत्पर हूँ, ताकि बढ़ती महामारी को नियंत्रण में लाया जा सके, गरीबी और जलवायु परिवर्तन जैसे मुद्दों पर दुनिया भर के भागीदारों को शामिल किया जा सके तथा घर में असमानता और अवसर के मुद्दों पर ध्यान दिया जा सके।'

अभिनेत्री प्रियंका चोपड़ा के नेतृत्व में बॉलीवुड से भी बधाई संदेश आए। इंस्टाग्राम पर अपने टेलीविजन स्क्रीन पर दिखाई दे रही खबरों की एक तसवीर साझा करते हुए उन्होंने कहा, 'अमेरिका ने रिकॉर्ड तोड़ संख्या में बात की और फैसला आ गया है'''हर वोट मायने रखता है। मैं उन सभी लोगों की सराहना करती हूँ, जिन्होंने लोकतंत्र को कैसे कार्य करना चाहिए, इसका इतना शक्तिशाली प्रदर्शन किया। अमेरिका में इस चुनाव को देखना आश्चर्यजनक था। राष्ट्रपति Elect@ joebiden और उपराष्ट्रपति Elect@KamalaHarris, पहली महिला उपराष्ट्रपति को बधाई! लड़कियो! बड़े सपने देखो! कुछ भी हो सकता है! #DemocracyRocks बधाई अमेरिका।'

अभिनेत्री प्रियंका चोपड़ा के नेतृत्व में बॉलीवुड से भी बधाई संदेश आए। इंस्टाग्राम पर अपने टेलीविजन स्क्रीन पर दिखाई दे रही खबरों की एक तसवीर साझा करते हुए उन्होंने कहा, 'अमेरिका ने रिकॉर्ड तोड़ संख्या में बात की और फैसला आ गया है'''हर वोट मायने रखता है।

अमेरिका की प्रमुख राजनीतिक हस्तियों के संदेश आए। पूर्व राष्ट्रपति बराक ओबामा ने कहा, 'मैं अपने राष्ट्रपति, जो बाइडेन और हमारी फर्स्ट लेडी, जिल बाइडेन को बधाई देने के लिए उत्साहित हूँ।

मैं कमला हैरिस और डग एम्होफ को हमारे अगले उपराष्ट्रपति के रूप में कमला के अभूतपूर्व चुनाव के लिए बधाई देने के लिए भी उत्साहित हूँ।' हिलेरी क्लिंटन, जो 2016 के चुनाव में ट्रंप के लिए मुख्य खतरा थीं, ने कहा, 'यह एक इतिहास बनानेवाला टिकट है, ट्रंप का खंडन और अमेरिका के लिए एक नया अध्याय है। ऐसा करने में मदद करनेवाले सभी लोगों को धन्यवाद। आगे हम एक साथ हैं।'

7 नवंबर को अपने विजय भाषण में बाइडेन ने अपने परिवार को धन्यवाद दिया था और अपने उपराष्ट्रपति को भी गले लगाते हुए कहा था, 'कमला, डौग—तुम्हें यह पसंद हो या नहीं—तुम मेरा परिवार हो। आप मानद बिडेंस बन गए हैं और इससे बचने का कोई रास्ता नहीं है।' उनकी जीत पर कमला का निर्णय उतना ही निर्णायक था, जितना कि उम्मीद थी—'यह चुनाव @JoeBiden या मुझसे बहुत अधिक है। यह अमेरिका की आत्मा और इसके लिए लड़ने की हमारी इच्छा के बारे में है। हमारे सामने बहुत काम है। आइए, शुरू करें।' 20 जनवरी, 2021 को बाइडेन-हैरिस की जोड़ी ने वाशिंगटन, डी.सी. में कैपिटल की सीढ़ियों पर शपथ ली और पूरे संयुक्त राज्य अमेरिका और दुनिया ने एक नए युग की शुरुआत देखी।

7 नवंबर को अपने विजय भाषण में बाइडेन ने अपने परिवार को धन्यवाद दिया था और अपने उपराष्ट्रपति को भी गले लगाते हुए कहा था, 'कमला, डौग—तुम्हें यह पसंद हो या नहीं—तुम मेरा परिवार हो। आप मानद बिडेंस बन गए हैं और इससे बचने का कोई रास्ता नहीं है।'

□

10

कई में पहली

"इसलिए उन बाधाओं को तोड़ना उचित है। जितना कि कुछ और के लिए, उन लोगों के लिए भी रास्ता बनाना है, जो हमारे बाद आएँगे।"

—**कमला हैरिस**, *स्पेलमैन कॉलेज, अटलांटा, जॉर्जिया में एक व्याख्यान के दौरान*

7 नवंबर, 2020 की रात विलमिंगटन, डेलावेयर में शनिवार की एक खूबसूरत रात थी।

56 वर्ष की आयु में कमला हैरिस ने संयुक्त राज्य अमेरिका में दूसरे सर्वोच्च पद पर बैठनेवाली पहली महिला, पहली अफ्रीकी अमेरिकी और पहली दक्षिण एशियाई के रूप में अपना भाषण दिया। वे एक सफेद कैरोलिना हेरेरा पैंटसूट, उनके सिग्नेचर मोती और एक काले मास्क में बाहर खड़ी थीं, जिनके साथ उनके कॉनवर्स स्नीकर्स के बेज रंग के पंप शू पहने थे। संयुक्त राज्य अमेरिका की निर्वाचित उपराष्ट्रपति अपनी माँ के शब्दों पर खरी उतरी थीं, 'आप कई काम करनेवाले पहले व्यक्ति हो सकते हैं, लेकिन सुनिश्चित करें कि आप अंतिम नहीं हों।' उम्मीद में देखनेवालों को कमला का पहला भाषण याद आया, जो उन्होंने डेमोक्रेटिक उम्मीदवार के पद के लिए दिया था। कमला ने कहा था, 'लड़ाई जारी रखनेवाले सभी लोगों के लिए आप कुछ-न-कुछ कर रहे हैं। आप ही वह कारण हैं, जो मुझे पता है कि हम अपने देश को उसके महान् वादे को साकार करने के करीब लाने जा रहे हैं। लेकिन ऐसा करने के लिए हमें पहले की तरह काम करने, संगठित होने और मतदान करने की आवश्यकता होगी, क्योंकि हमें तीन नवंबर को जीत से अधिक की आवश्यकता है। हमें एक ऐसे जनादेश की आवश्यकता है, जो यह साबित करे कि पिछले कुछ वर्ष यह नहीं दरशाते हैं कि हम कौन हैं या हम कौन बनना चाहते हैं।' उनके शब्दों ने उनके भाषण को सुननेवालों

में सशक्तीकरण की भावना पैदा की। यह कोई आश्चर्य की बात नहीं थी कि सड़कों पर महिलाओं की भरमार थी, जब उन्होंने राष्ट्र को संबोधित किया, सभी उम्र और रंग की महिलाओं ने अपने देश के नवीनतम रोल मॉडल के लिए नारे लगाए। यह एक उल्लेखनीय क्षण था। दर्शकों को आँसू बहाने की उम्मीद नहीं थी, लेकिन वे बहा रहे थे।

> 'गुड ईवनिंग', उत्साहजनक भाषण देने से पहले उन्होंने भीड़ का अभिवादन किया।'
>
> कांग्रेसी जॉन लुईस ने अपने निधन से पहले लिखा था—'लोकतंत्र कोई स्थिति नहीं है। यह एक काम है।'
>
> और उनका मतलब यह था कि अमेरिका के लोकतंत्र की कोई गारंटी नहीं है।
>
> यह उतना ही मजबूत है, जितना कि इसके लिए लड़ने, इसकी रक्षा करने और इसे कभी भी हलके में न लेने की हमारी इच्छा है।
>
> और लोकतंत्र की रक्षा के लिए संघर्ष करना पड़ेगा। यह बलिदान माँगती है। इसमें आनंद है और प्रगति है।
>
> क्योंकि 'वी द पीपल' (हम लोग) में एक बेहतर भविष्य बनाने की ताकत है।
>
> और जब इस चुनाव में हमारा लोकतंत्र दाँव पर था, अमेरिका की आत्मा दाँव पर थी और दुनिया देख रही थी तो आपने अमेरिका के लिए एक नए दिन की शुरुआत की।
>
> हमारे अभियान स्टाफ और स्वयंसेवकों को, इस असाधारण टीम को, लोकतांत्रिक प्रक्रिया में पहले से कहीं अधिक लोगों को लाने और इस जीत को संभव बनाने के लिए धन्यवाद।
>
> हमारे देश भर के मतदान कर्मियों और चुनाव अधिकारियों के लिए, जिन्होंने हर वोट की गिनती सुनिश्चित करने के लिए अथक प्रयास किया है, हमारा देश आपका आभारी है, क्योंकि आपने हमारे लोकतंत्र की अखंडता की रक्षा की है।
>
> और अमेरिकी लोगों के लिए, जो हमारे देश को खूबसूरत बनाया है, आपकी आवाज सुनने के लिए रिकॉर्ड संख्या में आने के लिए धन्यवाद।
>
> मुझे पता है कि समय चुनौतीपूर्ण रहा है, खासकर पिछले कई महीने।
>
> दुःख, गम और दर्द। चिंताएँ और संघर्ष।

लेकिन हमने आपके साहस, आपके लचीलेपन और आपकी आत्मा की उदारता को भी देखा है।

चार साल तक आपने समानता और न्याय के लिए, हमारे जीवन के लिए और हमारे ग्रह के लिए मार्च किया और संगठित हुए।

और फिर, आपने मतदान किया। आपने स्पष्ट संदेश दिया है।

आपने आशा, एकता, शालीनता, विज्ञान और हाँ, सत्य को चुना।

आपने जो बाइडेन को संयुक्त राज्य अमेरिका के अगले राष्ट्रपति के रूप में चुना।

जो मरहम लगानेवाला है। जोड़नेवाला। परीक्षण किया हुआ और स्थिर हाथ है।

एक व्यक्ति, जिसका खुद का नुकसान का अनुभव उसे उद्देश्य की भावना देता है, जो हमें एक राष्ट्र के रूप में अपने उद्देश्य की भावना को पुनः प्राप्त करने में मदद करेगा।

और बड़े दिलवाला आदमी, जो त्याग से प्यार करता है।

यह जिल के लिए उनका प्यार है, जो एक अविश्वसनीय पहली महिला होगी।

यह उनके पोते हंटर, एशले और पूरे बाइडेन परिवार के लिए उनका प्यार है।

और हालाँकि जब मैं पहली बार जो को उपराष्ट्रपति के रूप में मिली थी, मैं वास्तव में उन्हें एक पिता के रूप में जान पाई, जो मेरे प्रिय मित्र ब्यू से प्यार करते थे, जिसे हम आज यहाँ याद कर रहे हैं।

मेरे पति डॉग, हमारे बच्चों कोल और एला, मेरी बहन माया और हमारे पूरे परिवार के लिए मैं जितना व्यक्त कर सकती हूँ, उससे कहीं अधिक मैं तुमसे प्यार करती हूँ।

इस अविश्वसनीय यात्रा पर हमारे परिवार का स्वागत करने के लिए हम जो और जिल के बहुत आभारी हैं।

और आज यहाँ मेरी उपस्थिति के लिए सबसे अधिक जिम्मेदार महिला को, मेरी माँ श्यामला गोपालन हैरिस, जो हमेशा हमारे दिलों में रहती हैं।

जब वे 19 साल की उम्र में भारत से यहाँ आई थीं तो शायद उन्होंने इस पल की कल्पना भी नहीं की थी।

लेकिन उन्हें अमेरिका में इतनी गहराई से विश्वास था, जहाँ ऐसा क्षण आना संभव है। इसलिए मैं उनके बारे में और महिलाओं की पीढ़ियों,

अश्वेत महिलाओं के बारे में सोच रही हूँ।

हमारे देश के इतिहास में एशियाई, श्वेत, लैटिन और मूल अमेरिकी महिलाएँ, जिन्होंने आज रात इस क्षण के लिए मार्ग प्रशस्त किया है।

अश्वेत महिलाओं सहित जिन सभी महिलाओं ने समानता, स्वतंत्रता और न्याय के लिए इतना और बलिदान किया, जिनकी अकसर अनदेखी की जाती है, लेकिन अकसर साबित करती हैं कि वे हमारे लोकतंत्र की रीढ़ हैं।

वे सभी महिलाएँ, जिन्होंने एक सदी से अधिक समय तक मतदान के अधिकार को सुरक्षित और संरक्षित करने के लिए काम किया—100 साल पहले 19वें संशोधन के साथ, 55 साल पहले मतदान अधिकार अधिनियम के साथ और अब 2020 में हमारे देश में महिलाओं की एक नई पीढ़ी के साथ, जिन्होंने अपना मत डाला और वोट देने तथा सुने जाने के अपने मौलिक अधिकार के लिए लड़ाई जारी रखी।

आज रात मैं उनके संघर्ष, उनके दृढ़ संकल्प और उनकी दूरदृष्टि की ताकत पर विचार करती हूँ, यह दिखाने के लिए कि क्या कुछ था और क्या कुछ हटाया गया है, मैं उनके साथ कंधे-से-कंधा लगाए खड़ी हूँ।

और जो के चरित्र के लिए यह एक वसीयतनामा है कि उन्होंने हमारे देश में मौजूद सबसे महत्त्वपूर्ण बाधाओं में से एक को तोड़ने का दुस्साहस किया और एक महिला को अपने उपराष्ट्रपति के रूप में चुना।

हालाँकि मैं इस कार्यालय की पहली महिला हो सकती हूँ, पर मैं आखिरी नहीं होऊँगी। क्योंकि आज रात हर छोटी लड़की देखेगी है कि यह संभावनाओं का देश है।

और हमारे देश के बच्चों के लिए, फिर आप चाहे जिस भी लिंग के हों, हमारे देश ने आपको एक स्पष्ट संदेश भेजा है—

महत्त्वाकांक्षा के साथ सपने देखें, दृढ़ विश्वास के साथ आगे बढ़ें और खुद को इस तरह देखें कि दूसरे आपको न देखें, सिर्फ इसलिए कि उन्होंने इससे पहले आपको ऐसा कभी देखा ही नहीं है।

और हम हर कदम पर आपकी सराहना करेंगे। अमेरिकी लोगों के लिए—कोई फर्क नहीं पड़ता कि आपने किसे वोट दिया, मैं प्रयास करूँगी कि ऐसी उपराष्ट्रपति बनूँ, जो राष्ट्रपति ओबामा के लिए जो थे, वफादार, ईमानदार और हमेशा तैयार, हर दिन आपके और आपके परिवारों के बारे में सोचते हुए जागते थे। क्योंकि अब वह समय है, जब असली काम शुरू होता है।

कड़ी मेहनत। आवश्यक कार्य करें। अच्छा काम करें।

जीवन बचाने और इस महामारी को हराने के लिए आवश्यक कार्य।

हमारी अर्थव्यवस्था के पुनर्निर्माण के लिए, ताकि यह कामकाजी लोगों के लिए काम करे।

हमारी न्याय प्रणाली और समाज में प्रणालीगत नस्लवाद को जड़ से खत्म करने के लिए।

जलवायु संकट से निपटने के लिए।

हमारे देश को एकजुट करने और हमारे देश की आत्मा को बेहतर करने के लिए।

आगे की राह आसान नहीं होगी।

लेकिन अमेरिका तैयार है। और ऐसे ही—जो और मैं भी।

हमने एक ऐसा राष्ट्रपति चुना है, जो हममें सर्वश्रेष्ठ का प्रतिनिधित्व करता है।

एक ऐसा नेता, जिसका दुनिया सम्मान करेगी और हमारे बच्चे उनका अनुकरण करेंगे।

एक कमांडर-इन-चीफ, जो हमारे सैनिकों का सम्मान करेगा और हमारे देश को सुरक्षित रखेगा।

और सभी अमेरिकियों के लिए एक राष्ट्रपति।

अब मैं बड़े सम्मान के साथ संयुक्त राज्य अमेरिका के निर्वाचित राष्ट्रपति जो बाइडेन का परिचय कराती हूँ···

□

20 जनवरी, 2021। यह आधिकारिक रूप से निश्चित हो गया था कि कमला हैरिस अब संयुक्त राज्य अमेरिका की उपराष्ट्रपति हैं। इतिहास के पन्नों में जानेवाली वह तारीख, जिस दिन कई प्रथम लिखे गए थे—हैरिस अफ्रीकी अमेरिकी और दक्षिण एशियाई मूल की पहली महिला बनीं, जो देश के दूसरे सबसे ऊँचे पद पर आसीन हुईं।

शपथ-ग्रहण समारोह महामारी के बीच हुआ, क्योंकि देश ने निवर्तमान राष्ट्रपति डोनाल्ड ट्रंप के सशस्त्र समर्थकों की भीड़ द्वारा कैपिटल हिल में पीछे पड़ने के बाद आंतरिक अशांति से जूझ रहे थे। शपथ लेते समय सभी की निगाहें कमला पर टिकी थीं। उनके बगल

में उनके पति डॉग एम्होफ खड़े थे, जिनकी आँखों में गर्व और प्रशंसा के अलावा कुछ भी नहीं था, जो अमेरिका के इतिहास में पहले दूसरे जेंटलमैन के रूप में अपनी भूमिका निभाने के लिए तैयार थे।

क्षण भर बाद कमला ने उपराष्ट्रपति के रूप में अपना पहला भाषण शुरू किया, उनके शब्दों में आशावाद और उज्ज्वल भविष्य की आशा थी।

'गुड ईवनिंग। आज रात आपके उपराष्ट्रपति के रूप में बोलने के लिए, जो पहले आए थे, उनके कंधों तक पहुँचना, यहाँ होना मेरे लिए सम्मान की बात है।

क्षण भर बाद कमला ने उपराष्ट्रपति के रूप में अपना पहला भाषण शुरू किया, उनके शब्दों में आशावाद और उज्ज्वल भविष्य की आशा थी। 'गुड ईवनिंग। आज रात आपके उपराष्ट्रपति के रूप में बोलने के लिए, जो पहले आए थे, उनके कंधों तक पहुँचना, यहाँ होना मेरे लिए सम्मान की बात है।

'कई मायनों में, यह क्षण एक राष्ट्र के रूप में हमारे चरित्र का प्रतीक है। यह दरशाता है कि हम कौन हैं, बुरे समय में भी। हम केवल सपने नहीं देखते हैं, हम इन्हें सच बनाते हैं। हम केवल वही नहीं देखते, जो हो चुका है; हम वह देखते हैं, जो हो सकता है। हम चाँद पर जाते हैं और फिर हम उस पर अपना झंडा फहराते हैं। हम मजबूत, निडर और महत्त्वाकांक्षी हैं। हम इस विश्वास में निडर हैं कि हम जीतेंगे, हम ऊपर उठेंगे।

'यह अमेरिकी आकांक्षा है। गृहयुद्ध के मध्य में अब्राहम लिंकन ने एक बेहतर भविष्य देखा और इस भूमि पर कॉलेजों और अंतरमहाद्वीपीय रेलमार्ग को बनाया। नागरिक अधिकार आंदोलन के बीच में डॉ. किंग ने

नस्लीय न्याय और आर्थिक न्याय के लिए लड़ाई लड़ी।

'अमेरिकी आकांक्षा वह है, जिसने पूरे इतिहास में इस देश की महिलाओं को समान अधिकारों की माँग करने के लिए प्रेरित किया और बिल ऑफ राइट्स के लेखकों को स्वतंत्रता का दावा करने के लिए प्रेरित किया, जो पहले शायद ही कभी लिखा गया था। एक महान् प्रयोग के लिए महान् संकल्प की आवश्यकता होती है। काम करने की इच्छा और फिर परिष्कृत करते रहने की बुद्धि, कुछ नया करते रहना, सिद्ध करते रहना।

> ***वही संकल्प आज अमेरिका में साकार हो रहा है। मैं इसे उन वैज्ञानिकों में देखती हूँ, जो भविष्य को बदल रहे हैं। मैं इसे उन माता-पिता में देखती हूँ, जो आनेवाली पीढ़ियों का पोषण कर रहे हैं, नवप्रवर्तकों और शिक्षकों में, हर जगह हर किसी में जो अपने लिए, अपने परिवार और अपने समुदायों के लिए बेहतर जीवन का निर्माण कर रहे हैं।***

'वही संकल्प आज अमेरिका में साकार हो रहा है। मैं इसे उन वैज्ञानिकों में देखती हूँ, जो भविष्य को बदल रहे हैं। मैं इसे उन माता-पिता में देखती हूँ, जो आनेवाली पीढ़ियों का पोषण कर रहे हैं, नवप्रवर्तकों और शिक्षकों में, हर जगह हर किसी में जो अपने लिए, अपने परिवार और अपने समुदायों के लिए बेहतर जीवन का निर्माण कर रहे हैं।

'यह भी अमेरिकी आकांक्षा है। यही राष्ट्रपति जो बाइडेन ने हमें बोलने का आह्वान किया है। संकट से परे देखने का साहस, कठिन काम करने का, अच्छा करने का, एकजुट होने का, खुद पर विश्वास करने का, अपने देश में विश्वास करने का, जो हम एक साथ कर सकते हैं, उस पर विश्वास करना।

धन्यवाद और भगवान् अमेरिका को आशीर्वाद दे।'[2]

अमेरिकी उपराष्ट्रपति के रूप में शपथ लेने से कुछ घंटे पहले कमला ने अपनी माँ और उनके सामने आनेवाली सभी महिलाओं को श्रद्धांजलि देते हुए एक वीडियो ट्वीट किया था।

इस बीच उनके आधिकारिक सरकारी एकाउंट के पहले ट्वीट में तीन प्रभावशाली शब्द शामिल थे—'सेवा के लिए तैयार'। उन्होंने उनकी मन:स्थिति को उतना ही प्रतिबिंबित किया, जितना कि उनकी अब तक की यात्रा ने किया था।

कमला ने अपना पहला महीना नीतिगत घोषणाओं में बाइडेन के पक्ष में खड़े होकर कार्यालय में बिताया और उनके नेतृत्व में कार्यकारी कार्यों पर हस्ताक्षर किए। इस बीच बाइडेन ने कमला के बारे में कहा कि उनकी 'कमरे में आखिरी आवाज होती है, जो हमेशा मुझे सच बताती है' और अपना विश्वास व्यक्त किया कि वे वास्तव में ऐसा ही करेंगी।

कमला ने अपना पहला महीना नीतिगत घोषणाओं में बाइडेन के पक्ष में खड़े होकर कार्यालय में बिताया और उनके नेतृत्व में कार्यकारी कार्यों पर हस्ताक्षर किए। इस बीच बाइडेन ने कमला के बारे में कहा कि उनकी 'कमरे में आखिरी आवाज होती है, जो हमेशा मुझे सच बताती है' और अपना विश्वास व्यक्त किया कि वे वास्तव में ऐसा ही करेंगी।

देश को झकझोर देनेवाली घटना कैपिटल पर हमले के बाद हैरिस ने एन.पी.आर. के साथ एक साक्षात्कार के दौरान हिंसा पर कहा, 'दु:ख की बात है कि यह पहली बार नहीं है, जब मैंने ऐसा प्रदर्शन देखा है, जैसा आप वर्णन कर रहे हैं… और यह—यह याद दिलाता है कि हमें अभी भी बहुत काम करना है… मुझे लगता है कि हम उन लोगों के सामने नहीं झुक सकते, जो कोशिश

करेंगे और हमें डराएँगे कि हम कौन हैं।'

14 फरवरी, 2021 को एच.बी.ओ. पर एक्सियोस के साथ एक साक्षात्कार में वृत्तचित्र समाचार श्रृंखला में जब उनसे पूछा गया कि उनका मुख्य मुद्दा क्या होगा, हैरिस ने जोश के साथ जवाब दिया, 'सुनिश्चित करना कि जो बाइडेन सफल हों।' यह एक प्रतिबद्धता है, जिसे उन्होंने उत्साह के साथ लिया है।

अपने शपथ-ग्रहण समारोह के बाद से जो समय बीता है, उन्होंने महामारी से उत्पन्न स्वास्थ्य असमानताओं को दूर करने के लिए व्हाइट हाउस द्वारा गठित एक टास्क फोर्स के गठन में महत्त्वपूर्ण भूमिका निभाई है।

14 फरवरी, 2021 को एच.बी.ओ. पर एक्सियोस के साथ एक साक्षात्कार में वृत्तचित्र समाचार श्रृंखला में जब उनसे पूछा गया कि उनका मुख्य मुद्दा क्या होगा, हैरिस ने जोश के साथ जवाब दिया, 'सुनिश्चित करना कि जो बाइडेन सफल हों।' यह एक प्रतिबद्धता है, जिसे उन्होंने उत्साह के साथ लिया है।

उनकी एकल उपस्थिति महामारी पर बहुत अधिक केंद्रित रही है। उन्होंने 29 दिसंबर, 2020 को राष्ट्रपति के संक्रमण काल के दौरान वाशिंगटन के एक अस्पताल में अपना पहला कोविड-19 टीकाकरण शॉट लिया। हैरिस ने बताया कि उन्हें देश के नागरिकों के प्रति जिम्मेदारी की बड़ी भावना महसूस हुई, जिनके पास एक या दूसरे तरीके से सबकुछ है, महामारी से प्रभावित हैं।

बाइडेन और हैरिस दोनों ने टीके के प्रति सार्वजनिक प्रतिरोध को कम करने और अमेरिका के नागरिकों को इसकी सुरक्षा के बारे में आश्वस्त करने के लिए टेलीविजन पर अपने दूसरे टीकाकरण शॉट

लाइव लिये। हैरिस ने अमेरिकियों को टीका लगाने के लिए प्रोत्साहित किया, यह कहते हुए कि 'टीका कुछ ऐसा है, जो आपके जीवन और आपके परिवार तथा समुदाय के जीवन को बचाएगा।'

पद सँभालने से पहले हैरिस महिलाओं को प्रभावित करनेवाले मुद्दों, जैसे—घरेलू हिंसा और लिंग-आधारित वेतन विभाजन के बारे में काफी मुखर थीं। इसके बाद उन्होंने 16 मार्च, 2021 को संयुक्त राष्ट्र में अमेरिकी उपराष्ट्रपति के रूप में पदार्पण किया और लैंगिक समानता तथा महिला सशक्तीकरण एवं लोकतंत्र के आदर्शों को बढ़ावा देने के लिए संगठन को संबोधित किया।

हैरिस ने देश के लिए एक आशाजनक भविष्य की ओर देखते हुए आशावाद के साथ अपनी महत्त्वपूर्ण जिम्मेदारियों को निभाया है और उन्होंने इस बात पर जोर दिया है कि वे चाहती हैं कि उनके साथी नागरिक उनके नेतृत्व का पालन करें। उनके लिए असली काम अब शुरू होता है—'हमारी अर्थव्यवस्था का पुनर्निर्माण करना, ताकि यह कामकाजी लोगों के लिए काम करे। हमारी न्याय प्रणाली और समाज में प्रणालीगत नस्लवाद को जड़ से खत्म करने के लिए। जलवायु संकट से निपटने के लिए। हमारे देश को एकजुट करने और हमारे देश की आत्मा को बेहतर बनाने के लिए।'[3]

□

कमला हैरिस के जीवन में मील के पत्थर

1964 : 20 अक्तूबर को कैलिफोर्निया के ओकलैंड में श्यामला और डोनाल्ड हैरिस के घर जन्म लिया।

1981 : वेस्टमाउंट, क्यूबेक, कनाडा में वेस्टमाउंट हाई स्कूल से स्नातक किया। कमला की माँ ने कुछ वर्षों तक मॉण्ट्रियल, क्यूबेक में एक शोधकर्ता और शिक्षक के रूप में काम किया। तब तक उनके माता-पिता का तलाक हो चुका था।

1986 : राजनीति विज्ञान और अर्थशास्त्र में डिग्री के साथ वाशिंगटन, डी.सी. में हार्वर्ड विश्वविद्यालय से स्नातक की उपाधि प्राप्त की। हार्वर्ड में रहते हुए उन्होंने कैलिफोर्निया के सीनेटर एलन क्रैंस्टन के कार्यालय में एक मेलरूम क्लर्क के रूप में भी काम किया।

1989 : यूनिवर्सिटी ऑफ कैलिफोर्निया हेस्टिंग्स कॉलेज ऑफ लॉ से एक ज्यूरिस डॉक्टर के साथ स्नातक की उपाधि प्राप्त की। उन्होंने ब्लैक लॉ स्टूडेंट्स एसोसिएशन के अंग के अध्यक्ष के रूप में कार्य किया।

1990 : जून में कैलिफोर्निया के स्टेट बार में भर्ती हुईं। उसी वर्ष उन्हें कैलिफोर्निया के अल्मेडा काउंटी में डिप्टी डिस्ट्रिक्ट अटॉर्नी के रूप में नियुक्त किया गया था।

1994 : कैलिफोर्निया विधानसभा अध्यक्ष विली ब्राउन ने उन्हें राज्य बेरोजगारी बीमा अपील बोर्ड में नियुक्त किया। बाद में उन्हें कैलिफोर्निया मेडिकल असिस्टेंस कमीशन में नियुक्त किया गया।

1998 : सैन फ्रांसिस्को जिला अटॉर्नी के कार्यालय में सहायक जिला अटॉर्नी के रूप में शामिल होने के लिए सैन फ्रांसिस्को चली गईं। डिस्ट्रिक्ट अटॉर्नी टेरेंस हॉलिनन ने उन्हें कॅरियर क्रिमिनल डिवीजन का प्रभारी बनाया।

सैन फ्रांसिस्को के जिला अटॉर्नी के रूप में चुनी गईं। यह पद धारण करनेवाली वे पहली अश्वेत व्यक्ति बनीं और 2011 तक एक और सत्र के लिए इसी पद पर बनी रहीं। उसी वर्ष उन्होंने सैन फ्रांसिस्को री-एंट्री डिवीजन बनाया, जिसमें 18 से 30 वर्ष की आयु के पहली बार गैर-हिंसक अपराधियों के लिए 'बैक ऑन ट्रैक' नामक सफल सुधार कार्यक्रम शुरू किया।

2000 : हॉलिनन के सहायक के साथ झगड़े के बाद सैन फ्रांसिस्को जिला अटॉर्नी के कार्यालय को त्याग दिया। इसके तुरंत बाद वे सैन फ्रांसिस्को सिटी हॉल में सिटी अटॉर्नी लुईस रेने से जुड़ गईं।

2004 : सैन फ्रांसिस्को के जिला अटॉर्नी के रूप में चुनी गईं। यह पद धारण करनेवाली वे पहली अश्वेत व्यक्ति बनीं और 2011 तक एक और सत्र के लिए इसी पद पर बनी रहीं। उसी वर्ष उन्होंने सैन फ्रांसिस्को री-एंट्री डिवीजन बनाया, जिसमें 18 से 30 वर्ष की आयु के पहली बार गैर-हिंसक अपराधियों के लिए 'बैक ऑन ट्रैक' नामक सफल सुधार कार्यक्रम शुरू किया।

2005 : पर्यावरण अपराध इकाई की स्थापना की। संयुक्त राज्य अमेरिका में नागरिक अधिकारों, नागरिक स्वतंत्रता और मानवाधिकारों

की उन्नति में उनके दीर्घकालिक योगदान को याद करते हुए उन्हें नेशनल ब्लैक प्रॉसिक्यूटर्स एसोसिएशन द्वारा 'थर्गुड मार्शल अवार्ड' से सम्मानित किया गया था।

2008 : कैलिफोर्निया के अटॉर्नी जनरल के पद के लिए अपनी उम्मीदवारी की घोषणा की।

2009 : पेट के कैंसर से अपनी माँ को खो दिया।

2011 : 3 जनवरी को कैलिफोर्निया के 32वें अटॉर्नी जनरल के रूप में शपथ ली। वे इस पद पर निर्वाचित होनेवाली कैलिफोर्निया के इतिहास में पहली महिला, पहली अफ्रीकी अमेरिकी और पहली दक्षिण एशियाई अमेरिकी बनीं।

3 जनवरी को कैलिफोर्निया के 32वें अटॉर्नी जनरल के रूप में शपथ ली। वे इस पद पर निर्वाचित होनेवाली कैलिफोर्निया के इतिहास में पहली महिला, पहली अफ्रीकी अमेरिकी और पहली दक्षिण एशियाई अमेरिकी बनीं।

2012 : देश के पाँच सबसे बड़े बैंकों से अवैध फौजदारी के शिकार लोगों के लिए बहु-अरब डॉलर का समझौता किया।

2013 : लोगों को आक्रामक फौजदारी उपायों से बचाने के लिए गृहस्वामी अधिकारों का विधेयक पेश किया। उन्होंने प्रमुख कैलिफोर्निया शहरों—सैन डियागो, लॉस एंजिल्स और अल्मेडा काउंटी में जिला अटॉर्नी कार्यालयों के साथ साझेदारी में कैलिफोर्निया डिपार्टमेंट ऑफ जस्टिस के डिवीजन ऑफ रिसिडिविज्म रिडक्शन एंड री-एंट्री को लॉन्च किया। 'टाइम' पत्रिका द्वारा उन्हें 'दुनिया के 100 सबसे प्रभावशाली लोगों' में से एक के रूप में नामित किया गया था।

2014 : दूसरे सत्र के लिए कैलिफोर्निया के अटॉर्नी जनरल के

रूप में फिर से चुनी गईं। उन्होंने एटर्नी और मनोरंजन वकील डग एम्होफ से शादी की।

2015 : लॉस एंजिल्स में 18 से 30 वर्ष की आयु के पहली बार गैर-हिंसक अपराधियों के लिए सुधार कार्यक्रम 'बैक ऑन ट्रैक' शुरू किया। उन्होंने उसी वर्ष सीनेट के लिए अपनी उम्मीदवारी की भी घोषणा की।

2016 : राष्ट्रपति बराक ओबामा और उपराष्ट्रपति जो बाइडेन द्वारा समर्थन किए जाने के बाद सीनेट में एक पद के लिए अपने दावेदार लोरेटा सांचेज को हराया। उन्हें 20/20 द्विदलीय न्याय केंद्र द्वारा 'द्विदलीय न्याय पुरस्कार' प्रदान किया गया।

लॉस एंजिल्स में 18 से 30 वर्ष की आयु के पहली बार गैर-हिंसक अपराधियों के लिए सुधार कार्यक्रम 'बैक ऑन ट्रैक' शुरू किया। उन्होंने उसी वर्ष सीनेट के लिए अपनी उम्मीदवारी की भी घोषणा की।

2017 : 3 जनवरी को उपराष्ट्रपति जो बाइडेन द्वारा सीनेट में शपथ दिलाई गई। कमला अभी-अभी सत्ता में आए ट्रंप प्रशासन की कटु आलोचक बनकर उभरीं। उन्होंने ट्रंप प्रशासन के शीर्ष अधिकारियों, जैसे—संयुक्त राज्य अमेरिका के डिप्टी अटॉर्नी जनरल रॉड रोसेनस्टीन और संयुक्त राज्य अमेरिका के अटॉर्नी जनरल जेफ सेशंस, से उनके पदों की पुष्टि करने के लिए प्रश्न करके अपनी ओर लोगों का ध्यान आकर्षित किया और प्रशंसा प्राप्त की।

2018 : मेल बमबारी के प्रयासों का लक्ष्य बनाई गईं—पाइप बम के साथ 16 पैकेज संयुक्त राज्य डाक सेवा के माध्यम से विभिन्न डेमोक्रेटिक पार्टी के राजनेताओं और ट्रंप प्रशासन के आलोचकों को

वितरित किए गए। उन्होंने 2020 के राष्ट्रपति चुनाव के लिए अपनी उम्मीदवारी की भी घोषणा की।

2019 : सीनेट में कई समितियों के सदस्य के रूप में काम किए, जैसेकि बजट पर समिति, होमलैंड सुरक्षा और सरकारी मामलों पर समिति, खुफिया एजेंसी पर सीनेट चयन समिति और न्यायपालिका पर समिति। उन्होंने अपने राष्ट्रपति अभियान पर भी काम किया, उतार और चढ़ाव से भी गुजरीं और अंततः वर्ष के अंत में दावेदारी वापस ले ली।

2020 : मार्च में उन्होंने राष्ट्रपति पद के लिए जो बाइडेन के लिए अपना समर्थन व्यक्त किया। बाइडेन, जो अपने राष्ट्रपति अभियान के लिए एक साथी की तलाश में थे, अगस्त में पद के लिए उनके नाम की घोषणा की। वे पहली अफ्रीकी अमेरिकी, पहली भारतीय अमेरिकी और उपराष्ट्रपति पद के लिए नामांकन पानेवाली तीसरी महिला हैं। दोनों नवंबर में हुए चुनावों में डोनाल्ड ट्रंप को हराकर विजेता टीम के रूप में उभरे। उन्होंने 7 नवंबर को विलमिंगटन, डेलावेयर में अपना विजय भाषण दिया।

2021 : 20 जनवरी को संयुक्त राज्य अमेरिका के उपराष्ट्रपति के रूप में पद ग्रहण किया। वे देश के इतिहास में पहली अफ्रीकी अमेरिकी, पहली भारतीय अमेरिकी और संयुक्त राज्य अमेरिका की पहली महिला उपाध्यक्ष हैं।

□

टिप्पणियाँ

प्रस्तावना

1. रिखा शर्मा रानी, 'द वूमन हू लेड कमला हैरिस टू दिस मोमेंट', अटलांटिक, 5 अक्तूबर, 2020
2. बेन टेरिस, 'हू इज कमला हैरिस, रिअली? आस्क हर सिस्टर माया', वाशिंगटन पोस्ट, 23 जुलाई, 2019
3. डैन बाइलफ की, 'कनाडा में कमला हैरिस, घर के लिए तरस रही एक असंतुष्ट किशोरी', बी.डी. न्यूज, 6 अक्तूबर, 2020
4. मारिला स्ट्युटर-मार्टिन, 'मॉन्ट्रियल में कमला हैरिस के हाई स्कूल के दोस्तों ने उनकी जीत का जश्न मनाया', सी.बी.सी. न्यूज, 7 नवंबर, 2020

1. माँ की लाड़ली

1. मैट ब्रैडली और बिल ओ'रेली, 'कैसे सिनेटर कमला हैरिस के भारतीय विरासत और अग्रणी माँ ने उन्हें प्रेरित किया', एन.बी.सी. न्यूज, 20 अगस्त, 2020
2. '1964 जॉनसन बनाम गोल्डवाटर', केनेसॉ स्टेट यूनिवर्सिटी, 2 फरवरी, 2012 को मूल से संगृहीत
3. जॉन निकोल्स, 'जॉन निकोल्स : कमला हैरिस मैडिसन में 5 साल की थीं', द कैप टाइम्स, 12 अगस्त, 2020।
4. हौली होंडरिच और सामंथी डिसनायके, 'कमला हैरिस : पहली महिला

उपराष्ट्रपति की कई पहचान', बी.बी.सी. समाचार, 8 नवंबर, 2020

5. कमला हैरिस, 'द ट्रुथ्स वी होल्ड : एन अमेरिकन जर्नी', लंदन : रैंडम हाउस, 2019, पृ. 6
6. बेन टेरिस, 'सही में, कमला हैरिस कौन हैं? उनकी बहन माया से पूछें', वाशिंगटन पोस्ट, 23 जुलाई, 2019
7. क्रिस्टोफर कैडलेगो, 'हर कोई उन रिश्तेदारों के आदी होता है, जो मूर्ख होते हैं' : कमला की बहन ने परंपरा को तोड़ा', पोलिटिको, 6 जुलाई, 2019
8. कमला हैरिस, 'कमला हैरिस : सब बीमार होते हैं और हम बेहतर चाहते हैं', न्यूयॉर्क टाइम्स, 29 दिसंबर, 2018

2. आधी भारतीय, आधी जमैका, पूरी अमेरिकी

1. डोनाल्ड हैरिस, 'जमैकियन पिता के प्रतिबिंब', एसीसी. जमैका ग्लोबल, 18 अगस्त, 2020
2. सृजन शुक्ल और श्रावस्ती दासगुप्ता, 'इतना समय क्यों लगा?' दिल्ली में कमला हैरिस के चाचा कहते हैं कि उनके उपराष्ट्रपति के नामांकन से वे हैरान नहीं हैं', प्रिंट, 12 अगस्त, 2020
3. जोआन स्लेटर, 'जैसाकि कमला डी. हैरिस ने बाधाओं को दूर किया, भारत और जमैका में जश्न मनाया गया', वाशिंगटन पोस्ट, 7 नवंबर, 2020।
4. केविन सुलिवन, ''मैं वह हूँ, जो मैं हूँ': भारतीय और जमैका के प्रवासियों की बेटी कमला हैरिस खुद को 'अमेरिकी' के रूप में परिभाषित करती हैं', वाशिंगटन पोस्ट, 2 फरवरी, 2019

3. युवावस्था में शुरुआत

1. 'ब्राउन वी. बोर्ड : टाइमलाइन ऑफ स्कूल इंटीग्रेशन इन यू.एस.', लर्निंग फॉर जस्टिस, अंक 25, स्प्रिंग 2004
2. रॉबर्ट एल. क्रैन और मॉर्टन इंगर, 'न्यू ऑरलियंस में स्कूल को अलग

करना : सोशल कंट्रोल की विफलता का एक तुलनात्मक अध्ययन', नेशनल ओपिनियन रिसर्च सेंटर, मई 1966, पृ. 2

3. टिम डिकिंसन, 'बाइडेन ने अलगाववादी की प्रशंसा के लिए माफी माँगने के लिए कहे जाने को अस्वीकार कर दिया', रोलिंग स्टोंस, 19 जून, 2019
4. कोलबर्ट आई. किंग, 'कमला हैरिस के एच.बी.सी.यू. अनुभव ने उन्हें ट्रंप से लड़ने के लिए तैयार किया', वाशिंगटन पोस्ट, 13 अगस्त, 2020
5. कमला हैरिस, 'स्मार्ट ऑन क्राइम : एक कॅरियर प्रॉसिक्यूटर्स का हमें सुरक्षित करने की योजना', सैन फ्रांसिस्को : क्रॉनिकल बुक्स, 2009
6. हेस्टिंग्स कम्युनिटी, यू.सी. हेस्टिंग्स, सितंबर 2005, पृ. 12
7. शेरिल गे स्टोलबर्ग और कार्ल हल्स, 'जो बाइडेन ने अनीता हिल से माफी माँगी, लेकिन वह कहती हैं 'आई एम सॉरी' काफी नहीं है', न्यूयॉर्क टाइम्स, 25 अप्रैल, 2019
8. डैन मोरैन, कमला का मार्ग, न्यूयॉर्क : साइमन एंड शूस्टर, 2021

4. कार्यप्रणाली

1. मेलानी मेसन, 'जब गेविन न्यूजॉम ने सैन फ्रांसिस्को में शादी के लाइसेंस जारी किए तो उनकी पार्टी नाराज हुई। अब यह अभियान का विज्ञापन है', एल.ए. टाइम्स, 15 मई, 2018
2. क्यूंग लाह, 'कैसे कमला हैरिस की मौत की सजा के फैसलों ने दोनों पक्षों के दिल तोड़ दिए थे', सी.एन.एन., 9 अप्रैल, 2019
3. वही
4. एलीसन पेकोरिन, 'कमला हैरिस की दोहरी भूमिकाएँ, मौत की सजा के साथ 'मिश्रित रिकॉर्ड'', ए.बी.सी. न्यूज, 21 अगस्त, 2019
5. मेगन फ्लिन, ''आपको उनसे माफी माँगनी चाहिए' : गैबार्ड का हमला हैरिस के जटिल मौत की सजा के रिकॉर्ड पर प्रकाश डालता है', वाशिंगटन पोस्ट, 1 अगस्त, 2019
6. बारबरा पार्कर और रेबेका कपलन, 'कमला हैरिस का फौजदारी सौदा

राज्य के लिए जीत', एस.एफ.गेट, 5 मार्च, 2012

7. 'रेप किट प्रसंस्करण के लिए अटॉर्नी जनरल कमला हैरिस सम्मानित', सी.बी.एस. सैक्रामेंटो, 8 अप्रैल, 2014
8. कमला हैरिस, 'हमारे युवा हमेशा से हमारा भविष्य रहे हैं', 13 मार्च, 2018 को www.kamalaharris.medium.com को दिए भाषण से उद्धृत
9. जीन डेंबी, 'कमला हैरिस के कामचोरी प्रोग्राम के पीछे की कहानी', एन.पी.आर., 17 अक्तूबर, 2020

5. राजनीति के प्रति रुचि

1. 'कमला हैरिस जब 29 वर्ष की थीं, उनका 60 वर्षीय विवाहित व्यक्ति के साथ संबंध था, जिसने 'उनका कॅरियर शुरू किया', फ्री प्रेस जर्नल, 13 अगस्त, 2020
2. 'सैन फ्रांसिस्को के पूर्व मेयर विली ब्राउन, कमला हैरिस के साथ डेटिंग के बारे में बात करते हैं', उद्धृत Radio.com, kcbs रेडियो ब्लॉग से
3. डैन मोरैन, '2 और अश्वेत सहयोगियों को अच्छी तनख्वाह वाले पद मिले है : सरकार : स्पीकर अपने पुराने साथी और लंबे समय के दोस्त को राज्य बोर्डों में नियुक्त करते हैं, क्योंकि उनकी अपनी स्थिति पर पकड़ कम हो जाती है', एल.ए. टाइम्स, 29 नवंबर, 1994
4. मैरी ऐनी ओस्ट्रॉम और जोश रिचमैन, 'पूर्वी खाड़ी के मेल्टिंग पॉट में सभी आँखें ओबामा पर ध्यान केंद्रित करती हैं', ईस्ट बे टाइम्स, 16 मार्च, 2007
5. कार्ला मारिनुची, 'ओबामा, बाइडेन ने कैलिफोर्निया सीनेट प्रतियोगिता में कमला हैरिस का साथ दिया', पोलिटिको, 19 जुलाई, 2016
6. सोनम शेठ, 'रिकॉर्ड बताते हैं कि ट्रंप ने कमला हैरिस के अभियानों को दो बार दान दिया, जब वे एक निजी नागरिक थे', बिजनेस इनसाइडर, 12 अगस्त, 2021
7. मिरियम फौजिया, 'तथ्य की जाँच : हाँ, ट्रंप ने कमला हैरिस के पिछले अभियानों को दान दिया था', यू.एस.ए. टुडे, 13 अगस्त, 2020

6. गेम, सेट, मैच

1. लिसा बोनोस, 'कमला ऐंड डग की कहानी, हॉलीवुड (शाब्दिक) में बनी जोड़ी', वाशिंगटन पोस्ट, 19 अगस्त, 2020
2. एडम एडेलमैन, 'पहला 'दूसरा जेंटलमैन'? कमला हैरिस के पति, डग एम्होफ से मिलें', एन.बी.सी. न्यूज, 13 अगस्त, 2020
3. लिसा बोनोस, 'कमला हैरिस की शादी हममें से कई लोगों को प्रेरित करती है, जो अभी भी अपने डग की तलाश कर रहे हैं', वाशिंगटन पोस्ट, 9 नवंबर, 2020
4. कमला हैरिस, 'सेनिटर कमला हैरिस 'मोमाला'' होने पर, एले, 10 मई, 2019।
5. लिसा बोनोस, 'कमला ऐंड डग की कहानी, हॉलीवुड (शाब्दिक) में बनी जोड़ी', वाशिंगटन पोस्ट, 19 अगस्त, 2020
6. 'कमला हैरिस' के पति डगलस एम्हॉफ होंगे अमेरिका के पहले सेकंड जेंटलमैन', पी.टी.आई., 11 मार्च, 2021
7. मैनुअल रोइंग-फोरिना, 'डॉग एम्हॉफ ने अपनी पत्नी कमला हैरिस की आकांक्षाओं के लिए अपना कॅरियर रोक दिया—और अभियान के 'गुप्त हथियार' बन गए', वाशिंगटन पोस्ट, 27 अक्तूबर, 2020
8. हेडली फ्रीमैन, 'दूसरे जेंटलमैन से कहीं अधिक : डग एम्हॉफ कमला हैरिस के खुफिया हथियार क्यों हैं', गार्जियन, 21 नवंबर, 2020

7. साहस, शिष्टाचार नहीं

1. फिल विलोन, 'कमला हैरिस ने अपनी अमेरिकी सीनेट जीत के साथ रंग की बाधा को दूर किया', एल.ए. टाइम्स, 8 नवंबर, 2016
2. फिलिप इविंग, 'बाइडेन, कॉमी ओबामा-काल के अफसर, जिन्हें फ्लिन इंटेल मिल सकता था', एन.पी.आर., 13 मई, 2020
3. 'कैलिफोर्निया में आप्रवासी', कैलिफोर्निया की सार्वजनिक नीति संस्थान, मई 2019
4. टेड हेसन, 'केली अदालत में डी.ए.सी.ए. का बचाव करने के लिए

प्रतिबद्ध नहीं होंगे', पोलिटिको, 7 दिसंबर, 2017

5. साराह डी. वायर, 'युवा प्रवासियों की रक्षा के वादे के बिना सीनेटर कमला हैरिस ट्रंप की होमलैंड सिक्योरिटी पिक का समर्थन नहीं करेंगी', मॉर्निंग कॉल, 19 जनवरी, 2017
6. एरिक जेनकिंस, 'पुरुष सीनेटरों ने बार-बार सुनवाई के दौरान कमला हैरिस को चुप कराने की कोशिश की। वे बोलती रहीं', फॉर्च्यून, 8 जून, 2017
7. एम.के. अंसारी, 'कमला हैरिस की चुप्पी ने नए नारीवादी नारे को जन्म दिया', हफपोस्ट, 6 सितंबर, 2017
8. डैन मोरैन, 'कमला का मार्ग', न्यूयॉर्क : साइमन ऐंड शूस्टर, 2021
9. डायलन स्टैफोर्ड और टॉम लोबियानको, 'एक बार फिर, सीनेटरों ने हैरिस को दरकिनार किया, क्योंकि वे सत्रों पर खिलाफत करती हैं', सी.एन.एन., 14 जून, 2017
10. केटी मेट्टलर, 'वकील के रूप में कमला हैरिस की हठधर्मिता की प्रशंसा की गई थी। एक सीनेटर के रूप में उन्हें 'आज्ञा न माननेवाला' माना जाता है', वाशिंगटन पोस्ट, 14 जून, 2017
11. डाना गुडइयर, 'कमला हैरिस ने अपनी बात रखी', न्यूयॉर्कर, 15 जुलाई, 2019
12. वही।

8. भाग्यशाली

1. जेफ स्टीन, 'कमला हैरिस का आप्रवासी दाँव', वोक्स, 1 नवंबर, 2017
2. एलेक्सी कोसेफ, 'कमला हैरिस के सहयोगी ने उत्पीड़न, प्रतिशोध समझौते के बाहर आने के बाद इस्तीफा दिया', सैक्रामेंटो बी, 5 दिसंबर, 2018
3. लोइस बेकेट, 'कमला हैरिस ने गृहनगर ओकलैंड रैली के साथ 2020 अभियान की शुरुआत की', गार्जियन, 27 जनवरी, 2019
4. पीटर बेकर और मैगी हैबरमैन, 'इंटरव्यू में ट्रंप, बेकार की बातों को

'समय की बरबादी' कहा और जाँच खारिज कर दी', न्यूयॉर्क टाइम्स, 31 जनवरी, 2019

5. अन्ना सिलमैन, 'मैंने यह कैसे कराया : कमला हैरिस', कट, 28 अगस्त, 2018

6. बेन टेरिस, 'सही में, कमला हैरिस कौन हैं ? उनकी बहन माया से पूछें', वाशिंगटन पोस्ट, 23 जुलाई, 2019

7. डेनिएल जोलनर, 'माया हैरिस : कौन है कमला की छोटी बहन और लोग उन्हें अगला 'बॉबी कैनेडी' क्यों कहते हैं', इंडिपेंडेंट, 13 अगस्त, 2020

8. डेविड मार्टोस्को, 'मेरे आधा परिवार जमैका से है। क्या आप मेरे साथ मजाक कर रहे हैं?' स्टैनफोर्ड के प्रो. डोनाल्ड हैरिस, उनके गर्वित जमैकियन पिता इससे प्रसन्न नहीं थे। उन्होंने अपने ब्लॉग में लिखा है कि उनकी मृत दादी-नानी और माता-पिता 'अपनी कब्रों में भी छटपटा रहे होंगे'', डेली मेल, 20 फरवरी, 2019

9. जेफरी टेलर, 'ये हैं वह संपत्ति और देनदारियाँ, जो कमला हैरिस बाइडेन अभियान में लाती हैं', प्रिंट, 12 अगस्त, 2020

10. एंथनी जुर्चर, 'न्यू हैंपशायर : क्यों युवा पूर्व-मेयर बटिगिएग बौखला रहे हैं', बी.बी.सी., 9 फरवरी, 2020

11. चेल्सी सांचेज, 'कमला हैरिस ने अपने 2020 के राष्ट्रपति अभियान को क्यों समाप्त किया', हार्पर बाजार, 3 दिसंबर, 2019

12. एरिक लाच, 'कमला हैरिस एक लोकतांत्रिक बहस में : 'मैं जाति संबंधी विषय पर बोलना चाहूँगी'', न्यूयॉर्कर, 27 जून, 2019

13. इसाबेला ग्रुलिएन पाज़, 'कमला हैरिस और जो बाइडेन जाति और बसिंग के मामले पर बिफरे', न्यूयॉर्क टाइम्स, 27 जून, 2019

14. चेल्सी जेन्स, 'ब्यूज फ्लिपिंग इन हिज ग्रेव' : बाइडेन समर्थकों का कहना है कि हैरिस के हमले उनके बेटे के साथ उनके रिश्ते को धोखा देते हैं', वाशिंगटन पोस्ट, 28 जुलाई, 2019

15. लारा बेजेलन, 'कमला हैरिस एक 'प्रगतिशील वकील' नहीं थीं', न्यूयॉर्क

टाइम्स, 17 जनवरी, 2019

16. टिफनी डायने त्सो, 'कमला हैरिस के आपराधिक न्याय रिकॉर्ड पर तुलसी गबार्ड का हमला, समझाया गया', रिफाइनरी 29, 2 अगस्त, 2019
17. एलीसन पेकोरिन, 'कमला हैरिस की दोहरी भूमिकाएँ, मौत की सजा के साथ 'मिश्रित रिकॉर्ड', ए.बी.सी. न्यूज, 21 अगस्त, 2019
18. यूजीन स्कॉट, 'तुलसी गबार्ड के मतदान पर कमला हैरिस की बहस के बाद उनकी उम्मीदवारी के बारे में कुछ पता चलता है', वाशिंगटन पोस्ट, 1 अगस्त, 2019
19. जोनाथन मार्टिन, एस्टेड डब्ल्यू. हेरंडन और अलेक्जेंडर बर्न्स, 'कैसे कमला हैरिस का अभियान शुरू हुआ', न्यूयॉर्क टाइम्स, 30 नवंबर, 2019
20. 'तिजुआना नदी प्रदूषण : राजनेता समूह ने समाप्ति के लिए कहा', पैच, 30 अप्रैल, 2019
21. एडम कार्लसन, 'जूम कॉल के पीछे की बातों में कमला हैरिस के जीवन को बदला : जब बाइडेन ने उन्हें वी.पी. बनने के लिए कहा', पीपल, 19 अगस्त, 2020
22. सीन सुलिवन और एनी लिंस्की, 'बाइडेन परिवार ने पिछले साल की बहस 'पंच टू द गट' के बाद कमला हैरिस को गले लगाया', वाशिंगटन पोस्ट, 27 जून, 2020
23. स्टीफन कोलबर्ट के साथ लेट शो, 'सीनेटर कमला हैरिस का बाइडेन टिकट में शामिल होने पर : मुझे सम्मानित महसूस होगा', यू-ट्यूब, 18 जून, 2020
24. मैट विसर, 'जो बाइडेन ने कमला हैरिस को उपराष्ट्रपति चुना', वाशिंगटन पोस्ट, 11 अगस्त, 2020
25. फिलिप इलियट, 'कैसे जो बाइडेन के अपने बेटे के लिए स्थायी दुःख ने उन्हें कमला हैरिस तक ले जाने में मदद की', टाइम, 12 अगस्त, 2020
26. हौली होंडरिच और सामंथी डिसनायके, 'कमला हैरिस : पहली महिला उपराष्ट्रपति की कई पहचान', बी.बी.सी. समाचार, 8 नवंबर, 2020।

9. जीतने के लिए रेस

1. कैट स्टैफोर्ड, 'कमला हैरिस का वी.पी. के रूप में चयन अश्वेत महिलाओं से संबंधित है', वाशिंगटन पोस्ट, 11 अगस्त, 2020
2. 'भविष्य में साथ काम करेंगे' : पी.एम. ने जो बाइडेन को बधाई दी', एन.डी.टी.वी., 8 नवंबर, 2020
3. 'अमेरिकी राष्ट्रपति पद के उम्मीदवार का कहना है, कश्मीरी दुनिया में अकेले नहीं हैं', डॉन, 8 अक्तूबर, 2019

10. कई में पहली

1. 'अमेरिका की निर्वाचित उपराष्ट्रपति कमला हैरिस का पूरा विजय भाषण', इंडियन एक्सप्रेस, 8 नवंबर, 2020
2. 'अमेरिका के समारोह में उपराष्ट्रपति कमला हैरिस की टिप्पणी', व्हाइट हाउस ब्रीफिंग रूम, 20 जनवरी, 2021
3. 'विलमिंगटन, डेल. में कमला हैरिस के विजय भाषण की प्रतिलिपि पढ़ें', वाशिंगटन पोस्ट, 8 नवंबर, 2020

□□□